新創公司IPO的
100件
大小事

一本讀懂公司首次公開發行，走向上市上櫃之路

戚務君、劉福運、吳宗翰、莊秉義

——著——

編輯團隊

1. 黃祈皓
國立臺北大學企業管理學系博士研究生
國立臺中科技大學財稅研究所碩士
碁元會計師事務所審計部協理
國立臺灣科技大學企業管理學系兼任講師

2. 林志勳
國立中正大學會計與法律數位學習碩士
國立臺北商業大學財務金融學系畢
中華民國記帳士普考及格
碁元會計師事務所審計部經理

3. 謝馨安
東吳大學會計學碩士
國立臺北大學會計學系畢
中華民國會計師高考及格
碁元會計師事務所顧問部副理

4. 周峻宇
國防大學財務管理學系碩士班
國立高雄科技大學會計資訊系畢
碁元會計師事務所顧問部組長

5. 張舜文
國立政治大學會計學碩士
國立臺北大學會計學系畢
中華民國會計師高考及格
碁元會計師事務所顧問部組長
國立臺灣科技大學企業管理學系兼任講師

6. 龐琮曄
國防大學財務管理學系碩士班
亞洲大學會計與資訊學系畢
中華民國記帳士普考及格
碁元會計師事務所審計部組長

7. 龔茂安

中原大學財務金融學系畢

碁元會計師事務所審計部組長

8. 王崇淵

國立臺北大學經濟學系畢

碁元會計師事務所審計部資深
專員

9. 曾苡禎

國立臺灣大學會計學系畢

臺北市立北一女中畢

中華民國會計師高考及格

碁元會計師事務所審計部資深
專員

10. 曹書懷

國立中正大學會計與法律數位
學習碩士班

中國文化大學德文系畢

碁元會計師事務所審計部資深
專員

11. 劉家妤

國立政治大學會計學碩士

國立臺北大學會計學系畢

中華民國會計師高考及格

12. 劉家多

國立臺灣大學會計學碩士

東吳大學會計學系畢

中華民國會計師高考及格

13. 劉百益

國立政治大學會計學系碩士班

國立臺北大學會計學系畢

推薦序

■ **朱紀中** | 商周集團總經理

股票上市到底好不好？

新創公司老闆都想著要股票上市，但是，中小企業都應該申請上市嗎？股票上市會不會有什麼副作用？最直觀的考量，就是隨著股票上市，創辦人將可能失去對公司的控制力，因為外部股東有機會深入公司，最終導致公司賴以為生的營運機密可能落入外人手中。為了避免公司陷入這樣的風險，「股權規劃」早在公司辦理股票公開發行前，大股東就應思考清楚，避免公司在上市後、隨著規模愈做愈大，最終讓自己掉入逐步失去控制權的窘境。

上述問題聽起來好像很難發生，事實上，在我三十多年股票記者生涯中，每年都可以看到，大家只要在六月股東會熱季到來前的兩、三個月，看一下報紙，一定可以發現類似的新聞。近年甚至是歷史愈久的上市公司愈容易發生，為什麼？因為隨著公司步入傳承階段，由於不同世代領導人對於公司未來的想像不同，這樣的爭執和紛爭就會發生。這樣的問題是否能夠避免？答案當然是「可

以」。所有企業經營者只要讀過作者這本新書《新創公司IPO的100件大小事》，保證不會讓自家企業發生前面提到的問題，大家還可以知道如何運用最有效的資源、控制住最穩妥的股權，讓企業可以長治久安。可惜作者出版這本參考書的時間太晚，台灣股市才會爆發這麼多的股權爭奪戰。

作者這本新書用輕鬆對談的方式，深入淺出地說明企業股票上市可能碰到的各式問題，除了創始股東該怎麼規劃股權才不會讓自己的努力成果被外人整碗捧走外，同時，還蒐集了許多新資料，協助老闆們判斷，如果要走向資本市場，到底該挑哪一個市場掛牌？創新板和上市櫃又有什麼不同？此外，董事會的結構該怎麼設計？可以讓公司的資訊透明，提升公司治理的水準。簡單說，無論你是投資者、或是計畫吸引股東投資，為了避免權益受損，甚至惹上法律爭議，建議一定要讀完這本書，一次解決上述所有疑惑。

■ **余嘉淵／余償鑫／林仲達** | 3drens 三維人公司共同創辦人

技術背景出身的創業團隊如三維人，面對商業世界的機會與挑戰有太多的不了解，這本精彩的《新創公司IPO的100件大小事》著作滿足了我們對於財務會計知識的渴望，也提醒我們要持續閱讀以吸取前人智慧經驗。

本書五部章節邏輯脈絡都讓追求成長的新創可反思前瞻，也改

變了創業家由內而外心態到行動的典範轉移。

　　最後特別感謝作者之一的劉福運會計師以及碁元伙伴們的用心輔導，協助3drens順利完成了第一輪的新創募資，期待未來有更多創業家進入資本市場IPO，走向上市上櫃之路！

■　**林哲群** │ 國立清華大學科技管理學院院長

　　《新創公司IPO的100件大小事》這本書深刻探討了創業過程中的各個關鍵面向，以一種極具引人入勝的方式生動呈現了創業者在不同階段必須面對的挑戰和機會。作者以與年輕創業者的對話為起點，使讀者能夠與書中的內容建立共鳴，彷彿親身體驗到創業者的心路歷程中每一個細微的轉變。

　　擁有豐富的創業和投資經驗的作者，以敏銳的洞察力和實際經驗豐富的觀點，不僅僅停留在理論層面，更深入融入實際操作，為讀者提供切實可行的建議。這本書的內容範圍廣泛，從創業初期的籌備工作一直到上市櫃的全程，充分而詳盡地覆蓋了創業的方方面面，呈現出極高的實用價值。這樣的內容不僅有助於創業者深刻理解創業的複雜性，同時也提供了實用的指南，有助他們制定出更具前瞻性和可行性的策略。

　　總的來說，這本書是一本難得的創業寶典，不論是初創企業還是即將上市的公司，都可在其中找到豐富的參考價值。如果您渴

望在創業旅程中獲得更多啟示和指導，這本書絕對是您理想的選擇。它將不僅成為您事業成功的得力助手，同時也為您的創業歷程提供堅實的支持。

■ **陳子鴻** | 喜歡音樂公司董事長暨國立臺灣師範大學流行音樂產學應用碩士在職專班副教授

在所有上市櫃公司中，文創產業的比例是非常低的。一方面是資本額相對較小，更主要的原因，是文創產業的經營者，對於財務規劃通常比較外行且漫不經心，所以常常在經營過程中吃大虧，我就是一個最佳案例。我在 1999 年成立公司，至今二十餘年。對於財務稅務，從一開始的一竅不通，到後來雖然經過不斷的吃虧，而逐漸有了一點點概念，但由於一開始就沒有好好的做財務規劃，導致日後公司的估值一直被低估。

我和本書作者之一的劉福運會計師是幾年前經由好友介紹認識的，我常在想如果能夠早一點認識劉會，相信在創業的過程中不僅可以降低很多公司經營的財稅風險，而且或許自己的企業也會考慮走向資本市場，有了這樣的切身之痛，去年起我特別邀請劉會在臺師大音樂系流行音樂產學應用碩士在職專班共同開設一門「音樂創新創業與財務策略管理」的課程，藉由共同開課，希望可以透過劉會的專業，幫助音樂人在創業的過程中建立正確的財務觀念，以免

日後不論是在企業經營上、或是募資上、或是想要上市上櫃的過程中吃悶虧。

　　文創產業可以是微小的手工業，也可以成為影響人類生活的巨大產業鏈。作為一個文創產業的創業者，你永遠不知道一開始為了實現夢想的小小工作室，有一天會成長到什麼規模，因此提早做正確的財務規劃非常重要。很高興看到劉會繼 2021 年推出第一本新創相關著作《新創公司的 100 件大小事》之後，又完成進階版《新創公司 IPO 的 100 件大小事》，我覺得第一本書可以提供給所有懷抱創業理想的年輕人在創業開始時一個最深入淺出的指引，而這本新書則可以給想要上市櫃的新創事業們一個相當完整的資本市場實務概念，是值得新創事業細細品嚐的一本好書！

■ **曾映傑／呂季潔** │ Lootex 路特斯科技公司共同創辦人

　　想起某一天，我們隨口問作者之一的劉福運會計師：「上市難不難呀？」。而這本書就有如本人在你面前，用朋友的語氣，以最平易近人的方式回答你每一個問題。

　　在《新創公司 IPO 的 100 件大小事》這本書中，不僅僅是一本給新創的 IPO 入門指南，更是一本實用的知識寶庫。作者透過豐富的案例和真實情境，傳達了重要觀點：任何問題不僅僅是對與錯，而是要根據實際情況找到最適合公司的答案。

這本書還提供了一種創新的思考方式，以及對最新趨勢的 ESG（環境、社會和公司治理）和企業治理的重視。透過對話的形式整理問題和解決方案，幫助我們更清晰地思考。

最後，我衷心感謝劉會和碁元伙伴們的專業協助。我相信這本書將為更多創業家進入資本市場提供寶貴的參考和指導！

■ 葉力維│SHOPLINE 商線科技公司台灣＆日本區總經理

對許多年輕公司而言，IPO 是一塊極具意義的里程碑，它所代表的不僅僅是直面資本市場；我說，它更像是場成年禮，就像人一樣，成年以前的企業有許多事情需要學習，無論是資本規劃、經營知識、管理流程和組織體系的建立，這些對於一間想要飛得更高更遠的公司來說都至關重要。但市場上好像缺乏能簡明易懂、引人入勝的知識傳遞，以至於 IPO 這件事情總顯得有點神祕。

本書作者之一的劉會是我見過最最樂於推廣會計知識的會計師，他談起會計更像是在說故事，而非在講教科書。劉會著眼於年輕公司會面對的問題，從《新創公司的 100 件大小事》再到本書《新創公司 IPO 的 100 件大小事》，對經營者來說是伴隨企業成長非常好入門的指引。無論你是否有聽過劉會講會計故事，個人非常推薦一定要看這本由他領導的團隊所寫的書，書中活靈活現的對話簡直就是劉會 GPT，是有真正知識含量的 GPT。

■ **葉向榮**│中華電信集團中華投資公司副總經理

　　和本書作者之一的福運認識近三十年，從同窗共學開始，之後又是媒體同事，到他51歲考上會計師，獨自白手創業。看著他不斷地跨越許多差異很大的碩博士學科學位的壁壘，很快又成為各名校爭相網羅的授課教授。在世界職棒聯盟MLB有著挑戰不可能二刀流頂峰的大谷翔平，一路上，福運不停歇的高舉驚嘆火把，他真的是我心目中亦師亦友的大谷翔平。

　　作者三年前才出了《新創公司100件大小事》，很快的又替這些舉步維艱的新創公司，開拓了進階強化的武林祕技《新創公司IPO的100年大小事》。非常高深的專業及底蘊，書中文字幻化成作者劉會與年輕創業者的對話，毫不艱澀，且易於理解及內化。

　　本人從事新創投資多年，看過許多充滿熱情的新創年輕創業者，且技術含金量也很高，卻經常在業務營運及財務規劃無法跟上，以至於無法獲得投資者的信任及注資。本書中有段寫到，年輕人總會覺得投資的金主很愛指指點點，又想壓低持股成本又想占大股。劉會在書中也切中要點地提點年輕人：「營運團隊跟股東一定都是為了公司好才是出各種建議，只是有時候雙方立場不同，所以需要溝通與協調。畢竟金主投入資源也有風險，創業團隊更是把自己的全部精力跟時間都投入事業，大家都會有自己的堅持和追求。」

作者面對在「投資者」及新創「被投資者」許多很難緩和的對立面，往往站在第三方的制高點，尋求雙贏的化解及切入。從期初的募資開始，不論是在財務面及策略性的考量，劉會也提醒新創者如何從獨資及親友同事合資，走向資本市場，以及如何善用金融衍生工具。再來，從非公發到公開市場發行不同路徑的選擇，像是對進入櫃買中心登陸創櫃板的審查標準及條件要求，都有很簡要的圖示及表列來清楚說明。

有了資金及資源後，書中還強調公司治理的重要性，像是內部應有的機制如董事會職能的設計、建立良好的內部控制與財務報告制度、重視經理人職權及責任的劃分，以及內部稽核監督。另外，透過外部機制的會計師及獨立的審計制度，以及相關證券交易法，公開發行後必要遵守的財務資訊揭露規範，都做了法源及具體做法依據的整理。

目前在全球及政府對 ESG 溫室氣體盤查及永續行動方案與報告書的重視和要求，也是新創年輕創業者必須提前部署的，像是金管會要求的五個面向：引領企業淨零、深化企業永續治理文化、精進永續資訊揭露、強化利害關係人溝通，以及推動 ESG 評鑑及數位化。本書也告訴你，目前溫室氣體盤查的範疇一、二及三各是什麼，集團內母子公司如何協同配合查證，來達成第三方查驗及編製永續報告書，使新創公司得以能與全球及政府的發展轉型明確對接。

這本書,真的是將面對新創投資各個面向的疑難雜症,做了非常完整及專業的總體檢及整治,如果新創公司的年輕創業者都能人手一本及消化內化,進而力行實踐,將會是台灣新創界的聖經良方。

■ 楊哲瑋／許哲瑋 │ 律生活法律事務所共同創辦人暨合夥律師

會計、法律這兩種領域的知識傳遞,常常囿於專業度的門檻,而讓讀者感到生澀與難以親近。但本書作者透過故事的方式敘事,讓每位讀者得以化為創業家並與書中靈魂人物劉會面對面對談,在身歷其境下,相信很容易就可以習得劉會多年服務新創公司的心法。

新創公司在站穩腳步、穩定營收後,如果想要再次加速擴展,進而成功出場或華麗轉身,不外乎採取企業併購或是IPO,而《新創公司IPO的100件大小事》,將IPO以深入淺出的方式,從目的需要保護投資人、債權人,促進公司治理等,逐一推展,而書中所寫的IPO歷程也搭配圖示、表格讓讀者可以快速一窺進入資本市場所要具備的錦囊妙計。

最後,我們十分感恩能有榮幸與本書作者之一的劉福運會計師及其碁元團隊一起服務許多的新創團隊,透過會計、法律的面向,從創業Day1到成功IPO,持續陪伴每位新創企業家一同成長,更祝

福每位讀者在讀完《新創公司IPO的100件大小事》後，都能有所收穫，將事業做得更加成功。

■ 楊瑞元 | 第一銀行八德分行經理

在政大商學院EMBA入學第一門四天領導與團隊異地授課課程中，其中有一堂以書會友知識分享的重要課程，是採用世界咖啡（知識）館（the World Café）的形式進行，讀這本書，就像是又參加了一場由EMBA專為創業家們籌辦的世界咖啡館盛宴；書中的劉會就像是桌長，提供創業家一個智慧匯集的聚落，透過與劉會真誠的對話，不藏私地分享創業IPO的知識，讓身處銀行工作的我，也能很快的掌握到企業IPO所需了解的方方面面，而且桌長（劉會）還會在書中幫桌友們圖解、畫重點做表格，並附上最新的法規註解。

這是一本IPO入門書無誤，深入淺出簡單易懂。但是在我讀起來更是一本創業家的故事書，就像是在讀《誰搬走了我的乳酪？》史賓賽‧強森博士所寫的《峰與谷》一樣，一個智慧老人（劉會）與一個聰明的年輕人，在人生與創業道路上，一路相伴的對話與思考；《峰與谷》書中智慧老人樂於協助別人，樂於與別人分享是智慧老人從未改變過的信念與堅持，而本書故事中的主角劉會與真實生活中我所認識的作者之一劉福運會計師，亦是如此。

先前我很推薦我所認識的朋友及我的客戶在創業初期，一定

要拜讀作者的第一本書《新創公司的100件大小事》，或許可以在創業的路上少走一點冤枉路。更開心的是，作者這第二本書《新創公司IPO的100件大小事》，或許能讓好朋友你在走向創業高峰的過程中，可以找到一條相對順遂、平坦的康莊大道。

■ **鍾惠民**│國立陽明交通大學管理學院院長

《新創公司IPO的100件大小事》這本書由戚務君、劉福運、吳宗翰、莊秉義等專家攜手合作，深入剖析了新創公司在走向IPO過程中所需面對的大小挑戰，提供了寶貴的經驗和建議，將這些看似瑣碎的事情串連成一個成功的創業藍圖。四位作者結合了學術背景與實務經驗，為讀者帶來了豐富而深刻的知識。閱讀了本書，我認為對於創業者來說，這本書非常值得參考，以下針對內容分享給讀者參考。

這本書的第一章以一場午後的對話開端，描述了一位年輕創業者與劉會的相遇，在咖啡廳中分享了三年的創業歷程。這個引人入勝的故事為讀者打開了整本書的大門，彷彿讓我們置身於創業者的心靈之旅中。接著，書中深入探討了股份有限公司和股票相關的知識，分析了股權的意義、重要股權比率及股權設計的基本概念；剖析了企業上市櫃的預備市場——興櫃，以及其重要推手——證券商，進而討論了成為上市櫃公司所需達成的條件。書中也涵蓋了創

櫃板、戰略新板及創新板等相關主題。

　　本書對於公司治理與監理機制等內容進行了詳細的解說。讀者將能夠理解不同類型的公司結構對經營的影響，以及如何有效地設計公司的內部治理機制。透過作者的指導，讀者不僅能夠了解股份有限公司和股票的基本概念，更能夠深入了解公司內部組織運作的細節，熟悉公司治理中會計師的角色及外部公司治理機制與ESG等相關制度之影響。這種全方位的知識體系為創業者提供了堅實的基礎，讓他們在企業的成長過程中能夠進行長期規劃。

　　在書中，作者以一場有趣的對話方式，向讀者介紹了許多創業者帶領公司邁向IPO所需要關注的核心概念。解釋了IPO的優勢和風險，並深入探討了公司在IPO過程中應該注意的各種因素。這種輕鬆而生動的風格，使得複雜的金融知識變得易於理解。年輕創業家在全面檢討其公司後，決心將公司帶向資本市場。在與劉會的對話中，年輕人表達了對公司治理的關注，希望得到建議，以制定一套符合上市櫃公司標準的管理制度。

　　本書也提出了一個引人深思的問題：如何在保持控制權的同時吸引更多的投資者參與公司的發展。這引發了對股權規劃的深入討論，為創業者提供了實用的建議和策略。《新創公司IPO的100件大小事》是一本結合理論與實務的寶典。對於即將踏上創業之路的讀者來說，這本書極具參考價值，將引導創業者在創業的旅途逐步邁向成功之路。

■ **藍俊宏** | 國立臺灣大學工業工程學研究所副教授 / 機械工程學系、
奈米工程與科學學程合聘副教授

　　劉福運會計師（福哥）的新著《新創公司IPO的100件大小事》不僅展現了企業家精神的真諦，更揭示了經濟多元化的重要性。透過實戰智慧和淺顯易懂的對話形式，揭示了創業之路的千頭萬緒。書中劉會與一位青年創業者間的精彩交流，生動呈現了新創企業從起步到成長的整個過程，並巧妙地將繁瑣的財務和經營問題簡化，使讀者能在輕鬆閱讀中收穫寶貴知識和深刻洞見。無論是創業初心者，或是希望深入了解新創公司IPO細節的專業人士，均能在本書中得益匪淺。

　　非常感謝福哥邀請我為這本意義非凡的書作序。我自認才疏學淺、人生經歷更遠不及福哥豐富，但仍希望能透過這個機會，結合我在法國任教的經驗，以及回台後觀察到的經濟發展現狀，表達我對於當前國內產業發展的一些想法和擔憂。回首在法國的八年歲月，我尤為佩服當地青年追求興趣與夢想的熱情，他們在職業選擇上，不僅著眼於經濟利益，更重視對所愛事業的執著和對社會的貢獻，這種多元化的職業選擇不僅豐富了他們的人生，也為社會注入了活力和創新。然而，相較之下，台灣近年來似乎過分集中於特定產業的發展，這在短期內或許帶來經濟成長，但從長遠角度來看，

單一產業的過度依賴可能會對經濟的穩定性和可持續性構成威脅。再者,隨著少子化的不可逆趨勢,人才供應的短缺也將成為制約經濟發展的重要因素。若社會氛圍持續如此,產業發展勢將面臨失衡。

因此,我寄望《新創公司IPO的100件大小事》與其前作《新創公司的100件大小事》共同發揮作用,為充滿創業熱情的年輕人提供寶貴的策略指導和經驗分享,同時為台灣的經濟發展帶來新的思考契機。我們的社會需要更多像福哥這樣願意無私分享經驗、提攜後進的企業家。他的經驗和智慧對於指導年輕一代追求多元創業夢想、避免經濟過度依賴單一產業至關重要。在寫下這幾段文字的過程中,深感責任重大,也希望能透過這次機會向讀者傳達本書的弦外之音:在這個快速變化的時代,追求多元化發展、鼓勵創新和創業精神,是每一個社會和經濟體系持續繁榮的基石。

目錄

第 **1** 章　什麼是公司IPO？

第 **2** 章　如何進入公開發行及資本市場？

第 **3** 章　除了上市上櫃外還有哪些選擇？

引言

創業就像一場飛行。

在前書《新創公司的100件大小事》中，我們將創業起步時可能會面臨到的各種疑難雜症進行梳理及解析，並以對話和情節的鋪墊傳遞專業知識，提供給致力於創業的夢想家們一套有效的飛行計畫。

近來，新創企業追求IPO的趨勢勃然迸發。根據《數位時代》2023年的創業大調查，有57.5%的新創事業在5年內有上市櫃的計畫；有67.6%的新創感受到新創圈的上市潮。 這股上市潮的驅動力來自與AI、大數據、數位服務相關的新創事業逐漸受到市場認可，以及我國政府逐漸完善資本市場的相關制度，例如創新版的彈性上市條件、創櫃版的創新創意認證……等等，都讓新創IPO的浪潮沛不可當。

為了回應這股浪潮，我們著手寫作了《新創公司IPO的100件大小事》，期盼能帶給正朝向資本市場前行的創業家們一份可依憑的助力。本書承襲前作的生活化問答方式，藉由年輕人和會計師之間的問答和故事，回應創業者心中對於IPO可能的疑問與好奇。章節安排上共分為五章，分別是「什麼是公司IPO？」、「要如何進入公開發行及資本市場？」、「除了上市上櫃外還有哪些選擇？」、「如何完善公司內部管理制度？」，以及「如何從公司外部借力使力？」，章節內容涵蓋股權設計、資本市場簡介、證券商與會計師事務所在資本市場的職能，此外還收納了近年來極受重視的公司治理和ESG永續發展相關議題，希望以淺顯易懂的方式帶給各位讀者相關的知識。

　　本書第一章是「什麼是公司IPO？」，首先帶大家回顧股份有限公司的組織架構和特徵、股份與股票的差異。再來帶大家了解何謂「首次公開發行」（IPO），其相應的責任與條件又為何。還有對於想要分散股權的創業家們，要如何透過股權設計掌握公司的主導權，公司法上股權的權利義務又有哪些，全都會在本章進行介紹。

第二章是「如何進入公開發行及資本市場？」，聚焦討論興櫃市場、上櫃，還有上市的條件與差異，包括股權分散的條件、股東人數的限制，以及營收和獲利條件。另外還討論了證券商在新創事業上市櫃時扮演的角色及職能。

　　第三章為「除了上市上櫃外還有哪些選擇？」。隨著政府近年不斷完善我國的資本市場，陸續推出了專屬非公發公司的創櫃板、同屬興櫃市場的戰略新板，以及隸屬證交所管轄的上市創新板。這些板各自有獨特的登板條件和產業類別，可以讓有意公開發行的企業選擇適合的登板方式。

　　第四章「如何完善公司內部管理制度？」則回頭帶讀者了解，一個要邁向公開發行的企業，需要滿足怎樣的治理規範、公司治理的意義及目的為何。本章集中討論公司治理的內部機制，包含獨立董事、審計委員會與內控制度。

　　第五章，也是本書的最後一章「如何從公司外部借力使力？」，除了討論公司治理的外部機制，如證券交易法針對公發公司的規範、會計師與財務報表簽證。並且還進一步介紹了目前世界各國政府極為重視的永續發展議題，還有我國政府的政策方針《上市櫃公司永續發展行動方

案》有哪些具體的行動綱領。最後則簡單介紹目前針對永續報告書的編寫準則有哪些規範和要求，以及不同準則之間的差異之處。

當新創IPO的時代之風颯然而至，從現在一直到遙遠的未來，一定會有許許多多的新創業者帶著夢想朝資本市場遠颺而去。比起前作《新創公司的100件大小事》如同創業前的飛行手冊，本書《新創公司IPO的100件大小事》更像是一本記述了未來航程的指引，帶領創業家們一賭未來走向資本市場會發生、會遭遇、會磕磕絆絆的各種大小事。我們希望讀者可以藉由本書提供的資訊，為企業的未來預作規劃，並且努力厚植自身的實力。從開始創業並堅持到上市櫃是一條漫長的飛行航程，最重要的是，創業家們必須永保樂觀與信心，堅信自己可以走到登板的那一天。如同《捍衛戰士2》裡那段不朽的名言：「If they want to be ready, they have to believe this mission can be flown.」

Have a safe flight!

序章

　　夏日午後，陽光灑落在知名連鎖咖啡廳的玻璃窗上，室內被映照得明亮而溫馨。這間咖啡廳坐落在交通便利的商業區，窗外西裝革履的上班族來去匆匆，與店內悠閒愜意的氛圍形成鮮明的對比。劉會坐在靠近窗邊的位置，打量著這間舊式建築改造的新式咖啡廳，精心布置的室內散發著濃厚的咖啡香氣，搭配著明亮輕快的鄉村音樂。

　　劉會望著眼前精心打造的一切，想起三年前那位坐在他面前諮詢創業問題的熱情青年，竟能在短時間內將小咖啡店發展成數十間頗具規模的連鎖咖啡廳。劉會心中滿懷著好奇與期待，等候著年輕人的到來。他已迫不及待想聆聽年輕人的精采創業故事。

（店內響起清脆的門鈴聲，年輕人快步走了進來）

年輕人：「劉會！」

（趨近的年輕人頂著一頭向後梳的長髮，整個人
的氣質不同於過往。隨著時間淬鍊而變得堅定的
眼神透露出一股不凡的自信與神采）

劉　會：（站起來）「好久不見！看來事業發展得很順利
呀！」

（年輕人給劉會一個熱情的擁抱）

年輕人：「好久不見，時間過得好快，沒想到一轉眼都三
年啦！您看起來一點都沒變，一切都好嗎？」

劉　會：「一切都好，倒是你好像改變蠻多的，現在可是
連鎖咖啡業界的年輕新貴了，恭喜你呀！我等不
及要聽你的故事了。」

年輕人：「能有今天的規模，一路摸索也遇到不少挫折。
所幸在創業過程中遇見許多貴人，最終都能撐過
難關繼續前進。而在所有貴人中，劉會您更是我

們的啟蒙導師，如果沒有您在草創初期的寶貴建議，我們一定早就在財會上吃大虧了。」

（年輕人扶著劉會入座，並招呼服務生點了杯咖啡，隨後開始講起這幾年的創業歷程。在年輕人敘述著一個又一個精采的故事時，劉會始終面帶微笑地聆聽。三年的故事雖然在短短一小時內就差不多說完，但劉會知道，那三年辛苦的創業時光，絕對是年輕人心中一段難以忘懷的人生旅程）

年輕人：「總之，從三年前開第一家店，到現在已經在北部、中部開設數十家分店，未來目標還是要繼續擴大規模。」

劉　會：「很好的目標啊！常在新聞媒體上看到你的品牌報導，能走到今天真的非常不容易，恭喜你！」

（年輕人笑了笑，拿起桌上的咖啡輕啜一口後放下，兩人之間陷入短暫的沉默）

年輕人：「能走到今天，我非常高興，也很驕傲沒有辜負
　　　　當初投資我的天使投資人們。我非常珍惜大家提
　　　　供的資源，終於一步一步讓當初看似遙不可及的
　　　　夢想成功落地。我想我不僅實現當初的諾言，更
　　　　是超出了大家的期待。」

（劉會以微笑鼓勵著年輕人繼續說下去）

年輕人：「然而，當公司逐漸成長到數十間分店的規模
　　　　時，我反而對未來有些摸不清方向。目前公司要
　　　　維持正常營運沒有問題，分店一家一家開，營業
　　　　額也穩定成長，可是我好像沒有辦法再給大家一
　　　　個更遠大的目標，接下來，我該帶著企業往哪邊
　　　　前進呢？」

劉　會：「我想我明白你來找我的目的了。剛剛聽完你創
　　　　業的精采歷程，我認為你和你的團隊，確實具有
　　　　非常大的潛力，大家都兢兢業業地一心為企業成
　　　　長付出。除此之外，你們的營運模式和產品也非

常有特點，綜合評估這些要素後，我認為是時候可以設定一個新的目標了。」

年輕人急切地問著：「喔？是什麼目標呢？」

劉　會：「讓你的公司IPO，最終走向上市上櫃！」

（語畢，劉會端起桌上的燕麥拿鐵喝了一口，並觀察著年輕人的表情。此時，年輕人眼神中閃爍著熱烈的光芒）

第 **1** 章

什麼是公司
IPO？

Initial Public Offerings

股份有限公司、股份與股票

年輕人：「IPO ？」

劉　會：「在談到IPO之前，我想先確認你對我們之前談
　　　　過的股份有限公司，以及股票和股份還記得多
　　　　少。因為這些知識，都是未來公司IPO的重要
　　　　基礎。」

年輕人：「好的。我們公司剛好在去年向商業處申請從有
　　　　限公司變更為股份有限公司，所以我還記得兩者
　　　　的差異。簡單畫成表格（下頁）的話，我想應該
　　　　是這樣……」

劉　會：「有在經營事業果然不一樣，現在搞不好都比我

	有限公司	股份有限公司	
股東 人數規定	自然人一人以上	1. 自然人二人以上 2. 政府、法人股東一人	
股東 出資方式	現金、貨幣債權、 公司所需的資產或 技術	股東	現金、貨幣債 權,公司所需 的財產或技術
		發起人	現金、公司所 需的財產或技 術
出資 轉讓	經其他股東表決權 過半數同意	自由轉讓,不得限制	
業務 執行人	董事(一人以上, 三人以下)	董事會(董事三人以上組成; 但得依章程不設董事會,僅設 置董事一或二人)	
業務執行 人資格	董事須為股東	董事無須具股東資格	
監察 機關	不執行業務之股東	監察人	
表決權	每位股東一表決權 為原則,但章程得 規定以出資額比例 分配表決權	以每股一表決權為原則,但可 發行特別股	

專業了呢。」

年輕人：「哪裡哪裡，我這可是班門弄斧呀！」

（年輕人有些不好意思地笑了起來）

劉　會：「那麼針對第二個問題，何謂股份？何謂股票？」

年輕人：「我的理解是，所謂的股份，是把股東出資給公
　　　　　司的資源，依照股數比例拆分成股份，可以彰顯
　　　　　股東對該間公司享有權益的份額。例如我提供給
　　　　　公司100萬元作為營運資金，假設一股10元，我
　　　　　就會持有公司10萬股的股份。」

（劉會點點頭）

年輕人：「而股票是用來彰顯股份存在的實體文件，只要
　　　　　你持有公司的股票，你就有權行使股東權利。但
　　　　　股票現在多半沒有真正的紙本，而是以電子檔案
　　　　　的形式存放在台灣集中保管結算所管理。」

劉　會：「太棒了！順帶一提，如果是未公開發行的股份
　　　　有限公司未必一定要列印股票，所以未發行股票
　　　　的股份有限公司，集保公司裡連股份的檔案都沒
　　　　有喔！另外，交易時股份只需買賣雙方口頭上
　　　　講好就算成立，但買方如果想行使股東權利，還
　　　　需主動向公司要求變更股東名冊；而股票交易則
　　　　一定要在股票完成交付後，交易才算成立。」

年輕人：「原來如此呀！」

公司法第165條

1. 股份之轉讓，非將受讓人之姓名或名稱及住所
   或居所，記載於公司股東名簿，不得以其轉讓
   對抗公司

2. 前項股東名簿記載之變更，於股東常會開會前
   三十日內，股東臨時會開會前十五日內，或公

司決定分派股息及紅利或其他利益之基準日前五日內,不得為之。

3. 公開發行股票之公司辦理第一項股東名簿記載之變更,於股東常會開會前六十日內,股東臨時會開會前三十日內,不得為之。

4. 前二項期間,自開會日或基準日起算。

首次公開發行

劉　會：「那麼接下來，讓我們回到一開始的問題，什麼
　　　　是IPO？」

（年輕人調整好坐姿，把手機通知調成靜音）

劉　會：「Initial Public Offering，簡稱IPO，意思是企業
　　　　股票在資本市場的首次公開發行，讓投資人可以
　　　　自由地買賣。」

年輕人：「資本市場？首次公開發行？」

（年輕人重複著這兩個陌生的名詞）

劉　會：「讓我們先從首次公開發行開始吧！請你回想一

下，之前我們曾經提過，當營運需要資金時，股份有限公司可以藉由發行新股的方式進行增資，也就是透過交易公司的股票，邀請投資人成為公司股東並且取得發展資金。」

年輕人：「我曾在公司資金吃緊的時候找過身邊的朋友，邀請他們成為股東。尋找新股東真的非常麻煩又辛苦，要一一向有機會成為股東的朋友說明營運計畫，還有每次增資要設定的比例跟股數，都讓我一個頭兩個大。」

劉　會：「沒錯，這種只能向身邊特定人士進行邀約，說服他們成為股東的過程，就是『私募』。而一般未辦理公開發行的股份有限公司，也僅能以私募的方式進行募資。」

年輕人：「原來我之前找朋友入股的方式就是私募啊！」

劉　會：「是的。想像一下，如果你把所有關於公司的資訊、營運狀況，以及財務績效……等等，公開給

不特定的社會大眾，例如將公司股票相關的資訊放在網路上，讓對你公司有興趣的投資者，自動看到相關資訊而來找你、成為你的股東，是不是可以減少很多私下勸募的不便？」

年輕人：「等一下，您說未公開發行的股份有限公司只能私募，所以非公開發行公司如果公開募資是違法的嗎？」

劉　會：「對，要公開募集和發行前一定要向主管機關申報生效，否則就會違反證交法第22條，處五年以下有期徒刑或是一千五百萬以下的罰金，是相當重的刑責喔！」

證券交易法第22條

1. 有價證券之募集及發行，除政府債券或經主管

機關核定之其他有價證券外，非向主管機關申報生效後，不得為之。

2. 已依本法發行股票之公司，於依公司法之規定發行新股時，除依第四十三條之六第一項及第二項規定辦理者外，仍應依前項規定辦理。

3. 出售所持有第六條第一項規定之有價證券或其價款繳納憑證、表明其權利之證書或新股認購權利證書、新股權利證書，而公開招募者，準用第一項規定。

4. 依前三項規定申報生效應具備之條件，應檢附之書件、審核程序及其他應遵行事項之準則，由主管機關定之。

5. 前項準則有關外匯事項之規定，主管機關於訂定或修正時，應洽商中央銀行同意。

年輕人：「為什麼法規會要求公開募資前要先申報生效

呢？公司法不是說股份可以自由轉讓嗎？我想要找誰投資、用什麼方法找、找多少人……，這難道不是我的自由嗎？」

劉　會：「公司法規定的股份自由轉讓原則，是指說股份有限公司不可以在章程設下任何限制禁止股東轉讓持股，好讓股東有出脫持股的退場機制。而證交法的公開發行申報生效規則，是想要降低公司內部與外部關係人資訊不對稱的風險，藉由讓公司財務資訊公開透明化，好讓投資人能夠做出正確的投資決策，兩項法規的目的都是保護投資人，但方式完全不同。」

年輕人：「我想我聽懂了，還好我當初沒有對外公開說我要募股，差點就要被抓去關了……。」

劉　會：「魔鬼就藏在細節裡呀！」

（遠方傳來陣陣雷聲，窗外下午明媚的陽光不知何時已悄悄褪去，天色開始陰沉了起來。年輕人

聽得背脊一陣發涼，心想還好當初沒有公開宣告要發行新股的消息，不然差點就違法了，沒想到只是一個小細節，卻可能出現大問題……想著想著，年輕人忽然想到一個關鍵的問題）

年輕人：「劉會，我忽然想到，乍聽之下能公開向不特定的群眾募資確實很方便，可是，這樣不是也讓股東的來源變得很分散嗎？而且我也可能因此喪失對公司的控制權？」

（劉會投給年輕人一個稱許的眼神）

劉　會：「你現在對於股權結構的了解越來越敏銳囉！的確，這是一個需要仔細考慮的問題。公開發行可以使你的股票在資本市場得到更多投資人關注，變得更有流通性，也因此增加社會大眾購買股票的誘因。當然從另一個角度來看，股票流通性提高，代表著公司必須負擔更高的管理成本，也會讓經營者產生更大的壓力去提升企業的經營績

效；因為資訊公開，投資人也有更多管道仔細檢視公司的營運成果。並且每次發行新股進行募資時，創始人可能都要思考發行的價格或是股數，保持控制權。」

（劉會喝了一口拿鐵，年輕人則皺著眉頭思考著）

年輕人：「雖然可以向社會大眾募資很方便，可是我要是因此沒有辦法領導公司，不就等於將公司拱手讓人了嗎？劉會，有什麼好方法，可以一邊讓我保持控制權，一邊讓投資人願意注資我們公司呢？」

劉　會：「你在問的，其實就是『股權規劃』，這可是一個不簡單的學問喔。」

年輕人：「劉會教我！」

劉　會：「你剛剛在說明股份時提到，股東所持有的每一股，都代表他享有多少公司權益的份額，這是從股東的利益分配來說明股份的意義。另一方面，股東所掌握的每一股份，其實也表彰了股東承擔多少企業經營的責任，在一般情況下，擁有越多股份的股東，往往也是公司中越具有權力決定營運方式的人。」

年輕人：「這個我懂，簡單來說就是，股份既是公司利益的分配依據，同時也是經營公司的話語權大小。」

劉　會：「沒錯，為什麼會說股份多寡決定了話語權的大

小呢？這是因為在公司法的規範下，公司內許多牽涉到股東權益的大大小小決議，都需要經由一定的股權比例才能通過決議。如果你手中掌握的股權不夠多，很可能你的許多重要決議根本無法通過。」

年輕人：「例如修改公司章程，或是股東想要解任某一位董監事，這些都需要經過股東會決議才行。」

劉　　會：「是的，公司法針對事件的不同性質，還分別列舉數個重要的決議，一定要經由股東會的特別決議，也就是要達成『2/3股東出席，出席1/2以

 ｜非公發公司重要股權比率｜

	股權比率	說明
絕對控制比率	67%	表決權足以通過股東會特別決議
相對控制比率	51%	表決權僅能通過股東會普通決議
防衛控制比率	34%	避免其他股東握有67%之防衛比率

上同意』。這也是為什麼即使占有公司超過50%的股權,依舊不算是對公司有絕對控制力的原因,因為真正對股東有重大影響的決議,還是得由67%以上的股權同意才可以。」

年輕人:「嗯……這件事真的很重要,每次召開股東會討論重要決議的時候,我都會確保出席跟投票的股權比例有達到門檻,不然到時候做不成決議,許多重要的議案就執行不了。」

劉　會:「我要特別強調一點,上面的重要股權比率,是針對未公開發行的公司統整的。公司法有針對公開發行公司提出不一樣的股東會特別決議門檻,只要1/2出席,出席的2/3同意即可,跟剛剛的非公發公司比率剛好相反。」

年輕人:「咦?這樣好像我只要掌握51%的股權,就等於一定可以通過股東會特別決議的門檻了?為什麼公開發行的公司反而門檻比較低呢?」

劉　會：「這是因為公開發行公司股權會高度分散、股東
　　　　人數眾多，召開股東會是一件非常不容易的事。
　　　　你試想台積電這種超大規模的公司就知道了，股
　　　　東動輒幾十萬甚至破百萬的人數，這麼多人都要
　　　　按照公司法的程序發出通知書、設定議案，還有
　　　　現場投票……，要是門檻不適度降低，豈不是大
　　　　幅增加公司的行政成本。」

年輕人：「原來如此，聽起來真是大工程。」

劉　會：「那麼，說回『股權設計』。之所以要討論這件
　　　　事，就是希望公司的創立者／領導人，能夠在事
　　　　業成長到一定規模之前，握有較大的經營話語
　　　　權，確保公司營運能按照一定的方向前進。」

股權設計的基本概念

年輕人：「記得當初草創公司時，劉會您就給我股權設計
　　　　的建議了。」

劉　　會：「沒錯，上次談到這件事是在你剛要設立公司的
　　　　時候。事實上，在公司發展的不同階段中，一定
　　　　需要許多資源才能夠順利成長。而通常掌握技術
　　　　或 Knowhow 的創辦人，缺少讓產品商業化或規
　　　　模化的經濟資源，因此需要對外募資，請求擁有
　　　　資源的人成為公司的股東，並將資源投入公司。
　　　　而隨著新股東的加入，原始創辦人的股權比例便
　　　　會不斷下降，若沒有仔細設計過，可能就無法掌
　　　　握股權的重要比例，失去控制權。」

年輕人：「所以為了避免這種事，身為創辦人，要怎麼設
　　　　計我的股權？」

劉　　會：「每次在跟新創團隊討論股權規劃時，我都會先
　　　　強調一個觀念。」

年輕人：「什麼觀念？」

劉　　會：「股權規劃只是手段。真正重要的目標，其實應
　　　　該是技術團隊與資方一起共同努力、互相信任，
　　　　將企業的價值做大，如此一來，即使手中握有的
　　　　股權不多，但少少一股也可以擁有極高的價值。
　　　　反過來說，如果公司沒有做起來，即使手上握有
　　　　大量的股權，終究也是一場空。」

年輕人：「嗯……。確實有道理。」

劉　　會：「當然我也可以理解，許多創辦人或是技術研發
　　　　團隊，都會覺得自己好不容易將公司發展到一定
　　　　的階段，若一下被金主併購一大部分的股權，就

好像自己生下的小孩被別人搶走的感覺。但，為
了爭奪公司的大股而失去寶貴的資源，我認為得
不償失。」

年輕人：「但有時候金主也很愛指指點點呀！如果我們這
些做事的沒有占大股，很難推動自己認為對公司
好的決策，還要成天說服股東後才能執行，根本
降低做事的效率。」

劉　會：「我認為營運團隊跟股東一定都是為了公司好才
提出各種建議，只是有時候雙方立場不同，所以
需要溝通與協調。畢竟金主投入資源也有風險，
創業團隊更是把自己的全部精力跟時間都投入事
業了，大家都會有自己的堅持和追求。」

年輕人：「嗯，風險這部分我也同意，大家都在一條船
上，應該要同心協力才是。」

劉　會：「在這樣的觀念下，我們去設計股權占比，事實
上是要建立一個協調股東與創業團隊的經營機

制。在創業初期需要經營效率的時候，讓創業團隊占據大股；而對於提供資源的股東，則分配較少的股權，但要確保他們依舊可以取得相應的回饋，以及必要的退場機制。」

年輕人：「這的確是應該的。對於提供資源的股東，本來就也要保障人家的權益。不過劉會，我現在想知道的是當公司面臨上市櫃，對外募資時碰到股權分散的問題，我們又該怎麼去應變？」

劉　　會：「上市櫃的過程中，主管機關要求企業進行股權分散，條件大約是由外部股東持有20%以上的股權或占有已發行股份總數達1,000萬股以上，這項條件通常不會影響到企業的經營權，所以經營團隊還能保有一定的控制權。」

	上櫃	上市
股東人數	>300人	>1,000人
流通在外股權（比例／股數）	20% or >1,000萬股	20% or >1,000萬股

年輕人：「意思是我不用擔心因為股權分散失去控制權嗎？」

劉　會：「隨著你的公司逐步走向上市櫃，最終你的股權比例一定會不斷被稀釋，不過到了那時，公司的經營權與所有權已經徹底分離，企業變成由專業經理人主導，而股東則是企業權益的享有者。」

年輕人：「原來上市櫃後最終都會降低持股啊⋯⋯。」

劉　會：「是呀！所以也有一些不需要對外募資、本身事業穩定經營的企業，選擇不上市櫃，許多隱形冠軍都是這樣的。」

年輕人：「可以穩穩賺，又不用釋股給外人分散股權。」

劉　會：「這的確是一種選擇。但在資本市場中公開發行也會為公司帶來許多好處。除了在募資上變得快速又便利外，公開發行還能增加公司的知名度和可見性，吸引更多投資者與社會大眾的關注，也

能招募到更多優秀的人才。此外還會讓股票的價值隨著企業的成長而變化，對公司長期發展帶來助益。」

（劉會停下了話題，因爲他發現年輕人露出了思考的表情）

何謂資本市場？

　　窗外突然開始下起傾盆大雨，遠方雷聲此起彼落地響著，幾名機車騎士在大雨中將機車停在路肩匆匆穿上雨衣。看到他們被淋成落湯雞匆忙而慌亂的樣子，劉會不禁慶幸自己能在咖啡館內躲過這場大雨。另一方面，年輕人雖然聽劉會說了許多公開發行後的優勢，但心中總覺得有點模糊不清，不太能想像公開發行到底對公司而言會造成什麼變化。

年輕人：「理論上我想正如您說的，感覺公開發行後，能
　　　　為公司帶來許多關注跟名聲。但總覺得很多細節
　　　　還不夠清楚，請您再多告訴我一些吧！」

劉　會：「好啊！那我們今天最後就來講講何謂『資本市場』。」

年輕人：「好的。」

（劉會清了下喉嚨）

劉　會：「在現代社會裡，金融市場可說是構建商業活動的重要基石。透過金融市場，手中有資金的供給方，可以將資金交易給需要資金的需求方，換取報酬。」

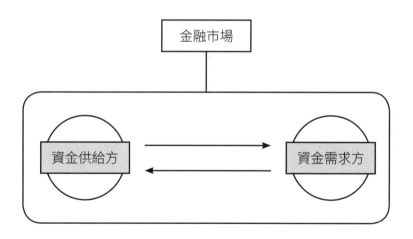

劉　會：「而在金融市場中，不同的資金形式與金融工具
　　　　組成不同的子市場，包括：貨幣市場、外匯市
　　　　場、衍生性金融商品市場，以及我們要重點討論
　　　　的『資本市場』。在資本市場中，資金供需雙方
　　　　主要交易的金融工具有兩個種類，分別是：『權
　　　　益證券』，也就是我們常說的『股票』；以及『債
　　　　務證券』，可以簡化稱之為『債券』。」

（一下聽到這麼多不同市場的名稱，年輕人忍不
住覺得有些頭腦發暈）

劉　會：「到目前為止還可以嗎？」

年輕人：「欸……應該……還可以……。」

劉　會：「哈哈，放輕鬆點，我們目的不是要考試，只要
　　　　聽懂來龍去脈就好啦！」

年輕人雙手拍了拍臉頰，努力提振自己的精神後說：「沒
　　　　事的，劉會請繼續，我可以的。」

劉會點點頭，接著說道：「在資本市場中，需要資金的企業可以藉由發行股票或公司債等金融工具，向手上有資金的供給方（投資人）交換資金，並且在未來付出使用資金的成本給供給方（投資人）。如果發行的是公司債，那借款的成本就是債券利息；如果是發行股票，資金成本就是股利。」

年輕人：「所以，在資本市場，我可以選擇要讓投資人當我的債主或是股東，就看我選擇發行哪一種金融工具對嗎？」

劉　會：「是的。」

年輕人：「通常哪一種比較好呢？」

劉　會：「這恐怕很難一概而論，不過在財務學上，諸多前輩學者對於公司如何籌資才能以最低的資金成本取得資金，已經發展出許多方法論。不過我們現在還是先聚焦在資本市場，未來有機會再慢慢談其他議題吧。」

年輕人怨嘆道：「要學的還真是不少啊……。」

劉　會：「讓我們先把注意力再轉回資本市場，其他的以後再傷腦筋。前面我們提到金融市場與其底下各個不同的子市場，是以買賣雙方交易時使用的金融工具種類當作劃分標準。而在資本市場中，根據企業使用公司債或是股票募資，又可以分成債券市場及股票市場，這裡分類的邏輯一樣是用金融工具當作區分標準。」

（年輕人點點頭）

劉　會：「不過，資本市場還可以有另一種分類的方式。依照市場內交易的債券與股票是由企業新發行而初次流通，抑或是原本已經流通的有價證券再度買賣，可再區分成『發行市場』（又稱初級市場）以及『流通市場』（又稱次級市場）。

企業新發行的有價證券，都會優先釋出到初級市場與投資人間交換，取得資金繼續運營。而次

級市場則是供流通後的股權在投資人之間交易的
市場，此時企業並未再發行新的有價證券到市場
上，因此交易時不會為企業再帶來新的資金。」

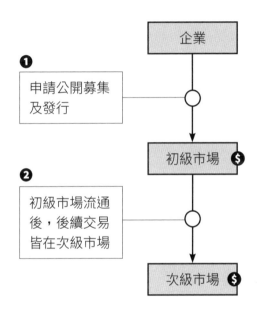

年輕人：「喔喔，原來這就是所謂的資本市場啊。」

（窗外的雨不知何時停了，路上又開始出現三三
兩兩的行人，此時天色漸漸昏暗，已然是傍晚時

分。年輕人飛快地敲打著筆記型電腦，把今天下午接收到的所有新知紀錄成筆記。劉會珍惜地喝完最後一口拿鐵，放下杯子）

終於，年輕人敲下最後一個按鍵，抬起頭說道：「謝謝劉會今天下午的寶貴時間，我回去一定好好思考與整理資訊。下一次再見面時，我會帶著新的疑問和想法來請教您的！」

劉會笑道：「沒問題，只要有好喝的拿鐵，我隨時樂意前來。」

年輕人：「您要喝多少杯都不是問題，哈哈！」

劉　會：「那麼下次再會，晚安。」

年輕人：「晚安。」

（年輕人為劉會推開咖啡廳大門，劉會拎起隨身的公事包，走入店外的夕陽餘暉中）

第 **2** 章

如何進入公開發行及資本市場？

Initial Public Offerings

一週很快過去了。這段時間中，年輕人努力地查詢公開發行以及資本市場的相關資訊，然而儘管他已經相當用功，依舊有許多新的知識讓他難以理解。於是這天晚上，他抱著疑問與好奇，來到劉會的事務所，希望能得到解答。

劉　　會：「歡迎歡迎。」

　　　　　（劉會放下手機，起身和年輕人握了握手，並引導對方入座）

年輕人：「劉會晚安，實在抱歉只能晚上來拜訪您。最近在內湖又要新開一家直營店，我必須去現場監工裝潢和巡視其他店面，實在是分身乏術。」

劉　　會：「年輕人有衝勁是好的，而且連你這個CEO都大小事親力親為，認真工作的樣子一定能成為大家的表率，同仁們看了也會打起精神努力做事，勤勞的組織文化與工作態度就是在無形中建立起

來的。」

年輕人：「我才沒您說得那麼厲害，不是什麼表率。只是
很多事情沒有親自實踐，就沒有辦法了解，所以
只好每件事都親力親為。就像您上週談到的公開
發行，我即使回去查了一堆資訊，到現在還是很
難搞清楚到底要怎麼進行……。」

劉　會：「術業有專攻嘛！解答業者對於財務、會計、公
司經營，以及資本市場……等等議題的疑惑，就
是我們會計師的專業呀！今天我們繼續針對你的
問題一一解答吧！」

（年輕人從背包中拿出筆記型電腦和紙筆，準備
做筆記）

企業上市櫃的預備市場：
興櫃

劉　　會：「上週我們簡單解釋了公開發行以及資本市場，那
　　　　　麼今天，我們延續上週的討論，介紹企業從IPO
　　　　　到最終上市的整體流程。底下我先畫個簡圖。」

上市櫃之流程

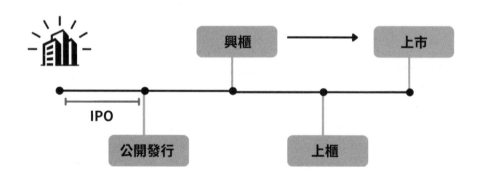

劉　會：「上次我們提到企業要公開發行時，首先要向主
　　　　管機關申報才能生效，否則會違反證交法第22
　　　　條。」

年輕人：「嗯！我記得。聽到這件事時，還想起當初募資
　　　　差點違法嚇出一身冷汗呢！回去後我也針對申請
　　　　公開發行的程序做了一點功課，簡單說，就是企
　　　　業在符合公開發行的條件後，可以向金融監督管
　　　　理委員會（下稱『金管會』）申請公開發行，而
　　　　金管會轄下的證券期貨局，會根據企業呈報的資
　　　　料進行審查，如果沒有問題的話，就可以成為公
　　　　開發行公司了。」

劉　會：「真是用功的好學生。既然你把公開發行搞清楚
　　　　了，我們繼續往下談。當企業已經由主管機關核
　　　　准成為公開發行公司後，基本上就可以準備公開
　　　　募資了。在我國，公開發行及流通的有價證券，
　　　　一般會在櫃檯買賣中心的店頭市場以及臺灣證券
　　　　交易所經營的集中交易市場進行買賣。」

年輕人：「喔！所以我們平常說的上市上櫃，指的是讓企業的有價證券可以在櫃檯買賣中心和證券交易所買賣。但是，興櫃又是什麼呢？」

劉　會：「問得好！興櫃市場是一個上市上櫃前讓企業暖身的公開市場。企業在正式上櫃或是上市交易之前，由於需要時間熟悉上市櫃後的法規、會計流程，以及其他的規定，因此需要有個預備市場讓企業得以事先熟悉相關規定。同時，大眾投資人也可以從興櫃市場開始了解及認識這些初登板的

公司，讓企業得到關注及資金。」

年輕人：「簡直就像棒球投手上場前練投的牛棚一樣嘛。」

劉　　會：「沒錯，興櫃市場正是公開發行公司要上市上櫃
　　　　　前的牛棚。而且也正因為是牛棚，企業登錄興櫃
　　　　　市場的掛牌條件相當簡單，只要得到2家以上輔
　　　　　導證券商書面的推薦，就可以上興櫃了。目前一
　　　　　般狀況下，企業在上市上櫃之前，都必須在興櫃
　　　　　市場掛牌至少六個月，之後再決定是申請上櫃還
　　　　　是直接申請上市。」

年輕人：「公司在興櫃交易滿六個月後，就可以轉上櫃或
　　　　　上市了嗎？」

劉　　會：「別急，讓我慢慢解釋。」

項目	興櫃一般板
掛牌條件	無設立年限、獲利能力、股權分散等條件之限制
產業類別	不限
審查程序	須先完成補辦公開發行,再申請登錄一般板,採書面審查
輔導推薦證券商	• 須經2家以上輔導推薦證券書商書面推薦,並指定其中1家證券商為主辦輔導推薦證券商,餘為協辦輔導推薦證券商 • 輔導推薦證券商應認購發行人擬櫃檯買賣股份總數之3%以上且不得低於50萬股
投資人限制	不限
交易機制	• 採由推薦證券商報價驅動之議價交易機制 • 無漲跌幅限制

表格整理來源:證券櫃檯買賣中心

https:∕∕www.tpex.org.tw∕web∕regular_emerging∕apply_way∕standard∕intro.php?l=zh-tw

企業上市櫃的重要推手：證券商

　　劉會起身重新沏了一壺茶，分別斟滿了年輕人和自己面前的茶杯。碧綠色的青茶散發著令人心曠神怡的茶香，奔波一天本已頗為勞累的年輕人拾起桌上的杯子喝了一口，一股暖流瞬間從喉頭流竄到腹中，讓年輕人精神為之一振。

劉　會：「怎麼樣，不錯喝吧？」

年輕人：「非常好喝，我甚至都想重金聘請您來為我們專門研發茶飲了！」

劉　會：「設計茶飲之餘還可以順便幫你打理公司的財會，聘我很划算喔！」

年輕人：「哈哈哈，那真是再好不過了！」

（兩人又閒談了一陣，時針緩慢而穩定地持續前進，窗外夜色漸深。）

劉　　會：「好啦！差不多該繼續回到原本的討論了。」

年輕人：「嗯！針對您剛剛的說明，我已經充分了解興櫃的功能與條件了。那麼在興櫃之後，公司應該就可以申請上櫃或上市了，對嗎？」

劉　　會：「在我們繼續往下一階段的上市櫃推進前，我想先向你解釋一下在企業上市櫃的程序中，不可忽視的重要角色：證券商。」

年輕人：「您剛剛確實提到興櫃的登板條件，需要2家輔導券商的書面推薦，才可以上興櫃。」

劉　　會：「沒錯，證券商的業務及功能其實非常多。在證交法第15條及第16條對證券商的業務及種類做出區分，可分類成：承銷商、自營商及經紀商。」

證券交易法第15條：

依本法經營之證券業務，其種類如左：

一、有價證券之承銷及其他經主管機關核准之相
關業務。

二、有價證券之自行買賣及其他經主管機關核准
之相關業務。

三、有價證券買賣之行紀、居間、代理及其他經
主管機關核准之相關業務。

證券交易法第16條：

經營前條各款業務之一者為證券商，並依左列各
款定其種類：

一、經營前條第一款規定之業務者，為證券承銷
商。

二、經營前條第二款規定之業務者，為證券自營
商。

三、經營前條第三款規定之業務者，為證券經紀
商。

年輕人：「承銷？自營？還有經紀是什麼意思？」

劉　會：「承銷的意思是，當今天公司預計募集或發行有
價證券，證券商可以協助公司銷售這些有價證
券，具體的銷售方式可以分為『代銷』和『包
銷』兩種。」

代銷	包銷	
	餘額包銷	確定包銷
公司委託承銷商銷售證券，承銷商從中收取手續費，若證券沒賣完則退回給公司。	公司委託承銷商銷售證券，如約定承銷期間屆滿仍未全數售出，則剩下之證券承銷商應自行認購。	公司委託承銷商銷售證券，得先行認購後再行銷售，或承銷時保留一部分自行認購。

年輕人：「看起來這兩種銷售方式的風險對承銷商來說不太一樣，一個沒賣完沒損失，一個沒賣完要自己扛。我想選擇不同行銷方式的關鍵應該還是看承銷的股票有沒有潛力能賣得好吧？」

劉　會：「沒錯！你果然是真正的生意人，談到商業模式，腦筋動得真快。」

年輕人：「只要是做買賣，我想不管是賣什麼，背後的原則都是怎樣賣對商家最有利，按照這樣的想法去思考，基本上不管是賣咖啡還是賣股票，都大同小異。」

劉　會：「除了承銷商，我們再來談談剩下的兩個種類。自營商顧名思義，就是證券商自己買進及賣出有價證券，操作股票賺取報酬；而經紀商則是受理投資人的委託，協助買賣證券並收取手續費。」

（劉會停下來喝了一口茶，讓年輕人有時間將剛剛的資訊記入電腦中）

年輕人：「證券商有這麼多種類，那在企業IPO的過程中，要與哪種券商合作呢？」

劉　會：「以經營的業務種類來說，承銷商與企業IPO的關聯是最密切的，因為企業上市櫃，需要讓自己的股權適度分散，並提升股票在市場中的成交數量，因此承銷券商利用自身的經驗及專業協助企業交易股票，將會是企業在IPO過程中的一大助力。不過事實上，現在許多券商也不會僅做單一業務，而是以綜合券商的型態同時經營承銷、自營，及經紀……等等業務，也就是說，現在的券商上述所有業務種類都可以做。」

（年輕人在思考著劉會剛剛說明的資訊，他用手指輕輕地敲著額頭）

年輕人：「那劉會我還想請問，到底證券商如何在IPO的過程中發揮作用呢？除了協助發行股票之外，為什麼公司登錄興櫃一定得有證券商推薦呢？」

劉　會：「證券商說白了就是在證券市場中，為證券發行人和投資人提供服務的專業機構。證券商提供的服務內容非常廣泛，最基本的是能提供企業進入資本市場的專業諮詢。由於上市櫃的法規和監管事項很多，牽涉到財務、法律，還有公司治理……等等，因此企業需要非常了解資本市場如何陪跑上市櫃的這段過程，才不會因為一些沒注意到的細節導致上市櫃失敗。 再來，投資人通常不熟悉即將進入資本市場的股票，此時證券商就可以利用廣告和推銷的手法，讓一般社會大眾認識這家企業。最後，證券商也能為企業的資金需求，設計出適合的股份或債券發行方案，讓企業能在資本市場中募集到足夠的資金。」

年輕人：「證券商既是企業上市櫃的顧問，更是策略夥伴。」

劉　會：「是的。在所有職能中，證券商最為重要的功能之一，就是對企業進行輔導以及評估企業是否適

合上市櫃。上市櫃的條件並不像興櫃一樣的寬鬆不設限制，因為已經不是預備市場，而是正式的交易市場。我國法規對於想要上市櫃的企業，訂定諸多必須符合的條件，只有企業達到這些條件，才有可能通過審查委員會的審查，成為上市櫃公司。」

年輕人：「總之證券商就好像是企業IPO的領路人，可以告訴企業要做什麼、要符合什麼標準才能上市櫃，而且還會帶領我們熟悉上市櫃的程序。聽起來服務很周到欸。」

劉　會：「沒錯，在證券商的輔導之下努力達成各項條件，可是企業能否成功上市櫃的關鍵噢！」

企業公開發行的里程碑：
上櫃及上市

　　時鐘繞了一圈又一圈，兩人的談話卻仍未止歇。年輕人與劉會談論著公司未來的藍圖。在聽過公開發行、興櫃市場等資訊之後，年輕人心中默默產生一種念頭，他希望在未來的某天，能看見自己一手打造的企業名字出現在興櫃市場的板上，無數投資人搶進發行的股票，不，不對，劉會說過興櫃不過是預備市場，他還有更高的目標……。

年輕人：「劉會，我今晚的最後一個問題，就是想知道到底企業要達成什麼條件，才能成為上市櫃公司。」

劉　會：「成為上市櫃公司，可說是許多企業家的夢想。然而，要實現這份理想，不是只憑短期的衝刺或

是財務操作就能如願。更重要的是公司是否具有在資本市場站穩腳跟的穩健實力，這需要長期的規劃與培養。我們首先得有這樣的認知，再來討論後續的各項條件和指標。」

年輕人：「我明白我明白，到底需要什麼條件，您快告訴我！」

（看著年輕人急躁的樣子，劉會微微一笑，他明白年輕人現在腦海中一定充斥著公司某天成功上市櫃，無數投資人竭力追捧的畫面。資本市場總是如場美麗的幻夢，引導著無數有企圖心與理想的企業家們為之奮鬥。然而，他必須讓年輕人了解，這是一份得之不易的夢想。）

劉　會：「談到上市與上櫃的條件，我們必須從兩個方向了解這個議題，分別是：『要上市上櫃一定需要達到的條件』，以及『要上市上櫃一定不能存在的條件』。」

年輕人：「一定要與一定不要……？」

劉　會：「我們先從上市上櫃一定要具備的條件開始。前面我已說過，比起興櫃市場的寬鬆，上市上櫃有較嚴格的限制。而限制主要是針對設立年限、實收資本額、獲利能力，還有股權分散程度這四項指標。」

年輕人：「上櫃資本額至少要5,000萬！我還差得好遠……，股權分散？這又是什麼規定，我得找許多外部投資者成為我的股東嗎？而且還至少要300人，也太多了吧?!」

劉　會：「先別灰心，我早說過上市櫃並不是一下子就可以達成的，重點是長期的規劃和累積實力。現在你應該要做的是了解自己的企業處在什麼樣的位置，也了解上市櫃的條件，評估兩者之間的落差後，思考如何規劃縮短差距的策略。好好經營，總有一天機會一定會到來的。」

項目	一般上櫃股票	一般上市股票
公司規模	實收資本額新臺幣5千萬元以上	實收資本額達新臺幣6億元以上
設立年限	設立登記滿2個完整會計年度	設立登記滿3年以上
獲利能力／財務結構（含個別及合併報表）	稅前純益於最近一會計年度不得低於新台幣4百萬元且稅前純益占股本比例達下列標準之一： (1) 最近年度4%，且最近年度無累積虧損 (2) 近2年均達3% (3) 近2年平均3%，且近1年度較佳	營業利益及稅前純益占股本比例達下列標準之一，且最近年度結算無累積虧損（編合併財報者其個別之營業利益不適用） 近2年均達6% 近2年平均6%，且近1年度較佳 近5年均達3%
股權分散	公司內部人及該等內部人持股逾50%之法人以外之記名股東人數不少於300人，且其所持股份總額合計占發行股份總額20%以上或逾一千萬股。	記名股東人數在1,000人以上，公司內部人及該等內部人持股逾50%之法人以外之記名股東人數不少於500人，且其所持股份合計占發行股份總額20%以上或滿一千萬股。

表格整理來源：證券櫃檯買賣中心

https：//www.tpex.org.tw/web/service/sotck_info/comparison/apply_comparison.php？l=zh-tw

年輕人：「劉會，你可以解釋給我聽嗎？這些條件……為
　　　　什麼會這樣規定呢？」

劉　　會：「好。事實上這些上市櫃的形式條件，是政府希
　　　　望上市櫃公司必須有一定的財務和經濟規模，在
　　　　獲利能力與股權架構也有一定的穩定度，分散投
　　　　資風險，讓公開市場的投資人不會因資訊不公開
　　　　而遭受損失。畢竟上櫃與上市公司都是開放給一
　　　　般社會大眾投資的重要標的，如果沒有適當的條
　　　　件限制就開放其公開募資，這樣有可能會損害投
　　　　資人的權益。」

（看著年輕人依舊一臉茫然，劉會耐著性子解釋）

劉　　會：「我們以股權分散這個條件當作例子，台灣法規
　　　　要求股權分散，主要是為了確保公司股份分散在
　　　　多個股東手中，而不是由一、兩個機構或投資人
　　　　掌控，這可以讓公司的經營風險下降，決策也不
　　　　會僅是由一、兩位股東說了算。上市櫃公司都是

對於國家經濟有影響力的個體，若經營不善發生問題，有可能對社會造成重大影響，因此需要透過法規對上市櫃公司設下限制。」

年輕人：「也就是說，這些法規的目的，都是為了保護投資人？」

劉　會：「也不全然都只是為了投資人，透過遵守相關法規與達成特定的財務績效和獲利標準，企業也可以在走向上市櫃的過程中，有具體的目標和方向，有助於提高自己的競爭力和管理品質。」

（三年的時間下來，年輕人的心性隨著事業版圖逐步擴張成數十家分店而變得驕傲自信，他原本認為自己的經營成績在公開發行後可以受到許多投資人的青睞，就算目前離上市櫃還有所不足，也只是差一小段距離罷了。可他沒想到，自己的公司竟離達成上市櫃的條件有這麼大的差距，他的企業不過只是資本市場中的滄海一粟罷了）

沉默良久,年輕人發出悶悶的聲音問著:「上市櫃的條件
我清楚了,您好像……還有提到要上市櫃,就絕
對不能具備的條件對嗎?」

(雖然難掩心中的失望,但年輕人依舊清楚地記
得剛剛劉會所講的話。劉會察覺到年輕人明明被
剛提到的上市櫃條件打擊,卻仍努力想學習知識
的心意。他心下暗暗讚許年輕人那份熱切學習的
韌性)

劉　會:「沒錯,所謂上市櫃不能具備的條件,意思是說
只要出現這些狀況,就絕對沒辦法通過上市櫃審
查委員會的審查。這些情況統稱為『不宜上市/
櫃條款』。」

臺灣證券交易所股份有限公司有價證券上市審查準則第9條：

申請股票上市之發行公司雖符合本準則規定之上市條件，但有下列各款情事之一，經本公司認為不宜上市者，得不同意其股票上市：

1. 遇有證券交易法第一百五十六條第一項第一款、第二款所列情事，或其行為有虛偽不實或違法情事，足以影響其上市後之證券價格，而及於市場秩序或損害公益之虞者。

2. 財務或業務未能與他人獨立劃分者。

3. 有足以影響公司財務業務正常營運之重大勞資糾紛或汙染環境情事，尚未改善者。

4. 經發現有重大非常規交易，尚未改善者。

5. 申請上市年度已辦理及辦理中之增資發行新股併入各年度之決算實收資本額計算，不符合上市規定條件者。

6. 有迄未有效執行書面會計制度、內部控制制度、內部稽核制度，或不依有關法令及一般公認會計原則編製財務報告等情事，情節重大者。

7. 所營事業嚴重衰退者。

8. 申請公司於最近五年內，或其現任董事、總經理或實質負責人於最近三年內，有違反誠信原則之行為者。

9. 申請公司之董事會成員少於五人或為單一性別，獨立董事人數少於三人或少於董事席次三分之一；其董事會有無法獨立執行其職務；或未依證券交易法第十四條之六及其相關規定設置薪資報酬委員會者。另所選任獨立董事其中至少一人須為會計或財務專業人士。

10. 申請公司於申請上市會計年度及其最近一個會計年度已登錄為證券商營業處所買賣興櫃股票，於掛牌日起，其現任董事及持股超過其發

行股份總額百分之十之股東有未於興櫃股票市場而買賣申請公司發行之股票情事者。但因辦理本準則第十一條之承銷事宜或有其他正當事由者，不在此限。

11. 申請公司之股份為上市（櫃）公司持有且合於下列條件之一者，該上市（櫃）公司最近三年內為降低對申請公司之持股比例所進行之股權移轉，未採公司原有股東優先認購或其他不損害公司股東權益方式：

① 申請公司係屬上市（櫃）公司進行分割後受讓營業或財產之既存或新設公司。

② 申請公司係屬上市（櫃）公司子公司，於申請上市前三年內，上市（櫃）公司降低對申請公司直接或間接持股比例累積達百分之二十以上。

12. 其他因事業範圍、性質或特殊狀況，本公司認為不宜上市者。

年輕人：「看起來規範的內容五花八門耶。」

劉　會：「其實你仔細觀察條文，會發現許多規範的內容
　　　　　是出於保護投資人的目的而設置的。例如第一點
　　　　　不得違反證交法操縱市場、意圖炒作市場行情的
　　　　　規範、第八點不得有違反誠信原則之情事，以
　　　　　及第十一點股權移轉不得有損害股東權益之方
　　　　　式……等等。除此之外，也有許多牽涉公司治理
　　　　　的規定，只要公司沒有遵守，就不得上市。」

年輕人：「公司治理？」

劉　會：「哈哈，你今天已經學了不少東西了，關於公司
　　　　　治理，我們下次再談。在這些不宜上市櫃條款
　　　　　中，我特別希望你注意的是第二點：財務或業務
　　　　　未能與他人獨立劃分者。」

（年輕人讀著此條條文，卻感到一頭霧水）

年輕人：「獨立劃分？意思是不要跟別人做生意嗎？還是

不要跟別人有借貸關係？」

劉　會：「不是的，這個條文的目的其實是希望申請上市
　　　　櫃的公司，能夠有自己獨立的財務與業務來源，
　　　　不要形式上是獨立營運，但實質營運卻受制於其
　　　　他企業。例如過去你的企業總是出貨給單一廠
　　　　商，萬一未來該廠商不再向你下單，審查委員會
　　　　就會認為你的企業在營運上有重大的不確定性，
　　　　可能會視為不符合條文規範的第二點。」

年輕人皺著眉頭問道：「咖啡店通常都是賣給散戶，應該
　　　　不會有銷售過度集中的問題，但如果我都只跟同
　　　　一家廠商進貨呢？」

劉　會：「這可能也會讓審查委員有疑慮，所以未來隨著
　　　　你的企業規模擴大，你自己也要懂得適時分散進
　　　　貨和銷貨的對象喔！」

　　　　（年輕人沉默地點點頭，抬頭望了下時鐘，時間
　　　　剛過晚上十點半）

年輕人：「今天腦袋已經快要爆炸了，也耽擱您不少時間，現在都已經十點半了，我送您回家吧！」

（年輕人起身將筆電和紙筆收入背包內，然後幫忙劉會收拾桌面。劉會則同時收拾好自己的隨身物品）

劉　會：「走吧！回家好好休息，明天又是全新的一天。」

（年輕人走出事務所，劉會將燈關上跟隨在年輕人身後離去。數秒後，事務所門上的電子鎖『喀』的一聲鎖上，彷彿為事務所忙碌的一天畫下句點）

第 3 章

除了上市上櫃外
還有哪些選擇？

Initial Public Offerings

數日過去，辦公室裡年輕人忙碌地投身在一件又一件的公事中，雖然年輕人自經營事業以來，就幾乎沒有什麼個人的休閒時間，然而這次繁忙程度似乎又更上一層。年輕人似乎故意不想讓自己空閒下來，迴避著上次與劉會討論後，心底那個無法抹去的事實：「自己的公司無法上市櫃」。

　　雖然無法上市櫃是大多數公司的經營常態，台灣公司登記的70多萬家中，能成為上市櫃公司的也不過寥寥可數的1、2千家而已，年輕人在心中不斷地安慰自己，然而他無法忘懷聽到會計師嘴裡講出的數據與資訊時，彷彿自己過去的經營成果被否定、一種「你還不夠格」的感覺，這讓年輕人心中始終悶悶不樂。

　　「喂？」年輕人放下手上的資料，接起電話。

　　「是我啊！年輕人，上次聊完之後，看你神情不太好的樣子，一切還好嗎？」電話那頭傳來劉會關切的話語。

　　「您上次的資訊確實有點打擊我，上市櫃感覺距離我公司現在的經營成果實在太遙遠了，說實在有點灰心。」年輕人老實地說出心中的想法，聲音聽起來十分喪氣。

「別想太多啊！上市櫃離你確實還有一大段距離，但只要你繼續用心經營，總有一天離目標會越來越接近的。」

「是啊是啊！」年輕人苦澀地回應著，他現在最不需要的就是這種令人尷尬的心靈雞湯。

「而且，除了上市櫃外，還有其他符合你公司現況、提升公司知名度和籌資管道的『板』可以上！」

「……！」年輕人一時沒有意會過來劉會的意思，沉默著不知道該說什麼。

「喂喂喂……？在聽嗎？」劉會問著。

「在聽在聽，什麼？真的嗎？我們公司這樣的規模，也還有板可以上嗎？」年輕人急切地問著。

「怎麼樣？是不是有興趣？那等等老地方見，我們碰面好好聊聊。」劉會笑道。

「沒問題！」年輕人大喊著，所有會議室的同仁滿臉詫異地看著他。

非公開發行公司專板：
創櫃板

　　熟悉的咖啡香氣和背景音樂，熟悉的座位上坐著熟悉的人，年輕人及劉會又來到市中心的咖啡店。只是這次，年輕人失去了往日的從容與自信，對於公司未來的發展前景，他心中滿是焦慮與擔憂。此時的他像極了一位因孩子罹患重症，等待醫生宣布治療方案的焦急父親。

劉　會：「年輕人，看你一副心急的樣子。我就直接進入
　　　　　重點吧！首先，我還是把現況統整一次：上市及
　　　　　上櫃公司，對於公司實收資本額及獲利能力都有
　　　　　所要求，以門檻相對較低的上櫃公司而言，實收
　　　　　資本額至少要5,000萬元，而稅後淨利則至少要
　　　　　400萬，從結論上看，你的公司目前還遠遠未達

到這個標準，沒辦法成為上市上櫃公司。」

（年輕人盯著劉會的臉，沉默地不發一語）

劉　　會：「不過，要讓你的公司開始獲得投資人的注意及
　　　　　籌資，並且得到會計、內部控制、法規及公司治
　　　　　理……等等條件的公設輔導，你還有一條路可以
　　　　　選擇，一個僅提供非公發公司登上的板──創櫃
　　　　　板。」

年輕人：「只屬於非公發公司登的板？」

劉　　會：「台灣是一個以中小企業為發展主力的國家。在
　　　　　《2022年中小企業白皮書》中的數據顯示，台灣
　　　　　中小企業家數超過159萬家，是全體企業家數的
　　　　　98%。全年度銷售總額超過26兆元，全國就業
　　　　　於中小企業的人數超過920萬人，這些數據證明
　　　　　了中小企業對我國經濟的重要性。」

年輕人：「這麼厲害？原來我的公司竟然是這些企業中的

一員，還為台灣經濟帶來這麼大的貢獻。」

劉　　會：「是啊！這些企業中，絕對不乏具有優秀潛力的明日之星，只要能被投資人看見，注入資金和資源，一定可以大放異彩。然而，由於中小企業缺乏如同公開發行公司上市上櫃一樣的公開資訊平台，許多具有優秀潛質的企業，只能默默耕耘，等著一輪一輪的天使投資人出現。」

年輕人：「劉會，我和我的團隊，真的是每天竭盡心力燃燒熱情，才把這個品牌拉拔到今天的水準。我有自信我們的咖啡和餐飲，絕對值得市場上的投資人關注和投資，我不敢說我們的咖啡和餐飲是全台第一，但一定值得品嚐！我們現在只是缺少一個能讓投資人看見我們的舞台！」

劉　　會：「所以，創櫃板就是為了你們這些有潛力、缺舞台的企業而存在的。櫃買中心在政府的支持下，成立了創櫃板，希望協助具有創新、創意的中小

企業突破傳統上市櫃的層層阻力，讓會計、內控制度，以及財務制度相對還不穩健的企業能接受輔導，逐步成長為一流的企業。」

年輕人：「您是說，即使制度仍未建立好，企業也可以接受櫃買中心的輔導？不用限定任何的資本額、獲利能力的條件？」

劉　　會：「要成為創櫃板的輔導對象，仍是需要經過審查跟選拔的。不過，與上市或上櫃不同，創櫃板看重的是企業是否具有『創新創意』。」

年輕人：「創新創意？怎麼定義這件事？」

劉　　會：「嗯，根據櫃買中心的說明，『創新創意』指的是企業之技術、產品或營運模式具備創新、創意概念及未來發展潛力。你的企業必須通過創新創意的審查後，才能獲選為櫃買中心輔導登陸創櫃板的對象。具體的審查標準，我列給你看。」

創新創意審查標準（符合以下條件之一即可）

1. 取得推薦單位之「公司具創新創意意見書」。
2. 取得中央目的事業主管機關敘明公司具創新創意之推薦函。
3. 取得櫃買中心認可國家級獎項並取得推薦單位之推薦函。
4. 取得國內外機構認證為社會企業並取得推薦單位之推薦函。
5. 通過櫃買中心委任之產業專家創新創意審查。

豁免條件

最近年度經會計師查核簽核簽證之財務報告顯示營業收入達新臺幣**5千萬**以上者，得免除創新創意審查。

年輕人：「果然還是有條件，雖然不是資本額或獲利能力這些硬指標，但創新創意看起來也是需要下一番功夫才能符合標準。」

劉　會：「是的，想要讓公司從其他中小企業中脫穎而出讓投資人看見，要嘛就是有良好的獲利表現，要嘛就是題材創新能引人目光，除此之外應該也別無他法了。」

年輕人點點頭道：「那麼劉會，只要通過創新創意審查後，就可以直接登陸創櫃板了嗎？你說的輔導，是在登板前還是登板後才開始？」

劉　會：「我將登陸創櫃板的程序畫給你看，你就能一目瞭然了！」

年輕人：「所以從流程看來，輔導是在登板之前，而且還要經過6個月到2年不等的輔導期間，看起來是真的要紮實地把公司體質及制度建立起來，才能上板呢！」

創新創意審查

- 櫃買中心結合外部專家進行創意審查
- 考量是否有重大違反法令或誠信問題

登板前審查

- 經過輔導後，由櫃買中心審查是否適合登陸創櫃板，並判斷增資計畫是否合理可行

STEP 1　STEP 2　STEP 3　STEP 4

申請登錄創櫃板

- 須為有限/股份有限公司，或是籌備處
- 無資本額及設立年限限制
- 公司無違反重大法令或誠信原則

成為輔導對象

- 公設聯合輔導機制(針對會計、法務、內控以及公司治理...等項目進行輔導)
- 輔導期間約6個月到2年，例外得延長

登錄創櫃板

- 成為創櫃板公司，並獲得股票代號四碼，日後上市櫃繼續沿用，一碼到底

STEP 5　STEP 6　STEP 7

辦理登錄前增資

- 將公司籌資之相關資訊公布於創櫃板專區，再由投資人認購
- 投資人種類：
  1.一般投資人
  2.天使投資人

登錄後持續接受輔導

- 定期資訊揭露
- 設定停止登錄條款
- 建立退場機制

圖片整理來源：證券櫃檯買賣中心網頁

https：//www.tpex.org.tw/web/regular_emerging/creative_emerging/Creative_emerging_06.php ？ l=zh-tw

劉　會：「沒錯，除了一開始的創新創意審查，後續公司的會計、內部控制、公司治理，以及法規遵循，全都在上板前要仔細核對，確認一切合規才可以成為創櫃板公司，而且上板後還要資訊揭露呢！」

年輕人：「不過，雖然過程很辛苦，但從還是非公發時就開始完善體制、正規經營，我想後續朝公開發行，乃至於上市上櫃邁進時，應該就不用再花費心力額外調整了。」

劉　會：「也許吧！不過你要知道，對於非公發的中小企業來說，健全公司的各種制度，其實也要付出諸多成本，不僅要在各式流程上遵守法規與內控制度，還有可能要聘請專職的法務與會計人員，光是這些，就可能大大影響中小企業的財務績效，更別說還有遵守流程的行政和時間成本。這點後續我可以再花時間跟你說明。」

年輕人：「簡單來說，要嚴格執行各項制度，就得犧牲中小企業或新創公司的彈性與效率對嗎？聽起來是把雙面刃啊！」

劉　會：「另外，創櫃板還有一項特色要跟你強調一下。就是創櫃板與其他板塊不同，雖然有為企業媒合潛在投資人的籌資功能，但卻不能交易股票。換言之對於投資人來說，無法在取得公司的股權後輕易在市場上找到交易的對象。這或許會造成投資人投資企業的誘因下降。因此，若要成功募資，就要更加厚植企業的實力才行。」

年輕人吐了吐舌頭說道：「哇！除了必須扛下各項制度的建置及維運成本，同時還得努力表現讓投資人看到公司的未來性，才能吸引天使投資人，這確實不是一般的困難而已。」

劉　會：「制度沒有絕對的好壞，只是看你的企業有什麼需求和條件，再來選擇對你最好的成長途徑。事

新創公司IPO的100件大小事

實上，隨著政府將完善資本市場當作重要的發展方向開始，近年來有越來越多的板塊被設計出來，就是為了讓符合特定條件的企業，也能在資本市場得到關注和資源，這都是希望讓台灣的企業發展更好所採取的措施。」

年輕人：「還有哪些板塊呢？我都想了解，請劉會再為我多介紹一些吧！」

劉　會：「沒問題，那麼接下來，就跟你談談『戰略新板』吧！」

年輕人：「『戰略新板』？這名字也太響亮了吧哈哈。」

劉　會：「這個戰略新板，還真的是跟戰略有點關係喔。」

年輕人：「什麼戰略？是跟誰的戰略有關？」

劉　會：「是政府的戰略呀。政府根據現在世界的發展趨
　　　　　勢，決定了六個重要的核心戰略產業，全都是與
　　　　　國家未來經濟發展或國家安全有關的產業。要登
　　　　　上戰略新板，除非你的企業屬於這六大類別之
　　　　　一，或是特別具創新性的產業，其他可都是沒辦
　　　　　法登上戰略新板的喔！」

年輕人：「那麼這個戰略新板，是隸屬在哪個交易市場？」

劉　會：「戰略新板與興櫃一般板一樣，都是劃分在即將
　　　　上市上櫃前的預備市場，而預備市場中的公司都
　　　　必須是已經公開發行的公司。所以通常申請登上
　　　　戰略新板的未公發公司，都會同時併送公開發行
　　　　的申請書，才能順利上板。」

年輕人：「不對啊！劉會，這樣仔細想想，戰略新板不就

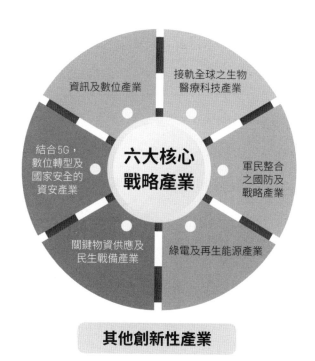

跟興櫃一般板幾乎一樣嗎？都要公開發行才能上板，難道差別只是板上產業的類別一個有限制，一個沒限制？」

劉　會：「這你就問到重點了。戰略新板和一般板最大的差別，除了能登板的產業差異以外，最重要的是，戰略新板的企業可以申請『簡易公開發行』，比起一般企業公開發行的程序，可以說是簡化了不少。」

年輕人：「『簡易公開發行』？到底有多簡易呢？」

劉　會：「簡易公開發行是指主管機關允許企業可以減少申報公開發行時應遞送的文件，讓企業可以免除一部分程序和時間成本。具體來說的話，我們可以右下方的表格來比較一般公發及簡易公發程序的差異。」

年輕人：「也就是說，屬於特殊產業的企業可以透過戰略新板以及簡易公發，比較快進入興櫃市場，取得資源囉？」

劉　會：「對，在制度設計上，政府就是希望加快扶植這些產業的企業，讓台灣在這些產業能取得更多的優勢與發展。另外，還記得我們之前說過，無論企業後續要上市還是上櫃，都必須先在興櫃這個預備市場登板至少六個月嗎？」

年輕人：「對，這個我記得，要接受券商輔導至少六個月，才能正式上市上櫃。」

程序內容	一般公開發行	簡易公開發行
財務報告揭露範圍	二本財務報告＋揭露三年	一本財務報告＋揭露二年
內部控制專審期間	一年	半年
內部控制專審範圍	公司與外部財務報導及保障資產安全有關之內部控制	以會計師認為內部控制中的重大營業循環及管理程序為主

表格整理來源：證券櫃檯買賣中心，戰略新版問答集，頁3
https：//www.tpex.org.tw/storage/psb/psb_FAQ.pdf

劉　會：「由於戰略新板也屬於興櫃市場，所以登上戰略新板的企業，其在戰略新板接受輔導的期間，也可以計入上市櫃前必須的六個月輔導期內。不過有個額外的小限制，就是戰略新板的企業在上市櫃之前，都必須先轉入興櫃一般板至少兩個月，才能申請上市櫃。」

年輕人：「為什麼要多加這個規定？」

劉　會：「因為興櫃一般板畢竟才是上市櫃前最主要的交易平台，強制轉入一般板的目的，是希望戰略新板的企業能提前熟悉上市櫃的狀態，所以才有這樣的條件。」

年輕人：「原來是這樣啊！」

證交所和櫃買中心聯合開板：創新板

劉　　會：「終於要講到最後一個特殊的板塊啦。」

年輕人：「最後一個了嗎？我怎麼覺得還沒聽過癮。」

劉　　會：「哈哈，這麼愛聽我講這些？還是有機會我來把這些內容做成podcast，你就能一直聽了。」

年輕人：「這主意不錯欸，現在很多人都在做podcast，劉會你也可以試試看啊，說不定會一炮而紅喔！」

劉　　會：「說得跟真的一樣，以後再說。現在我們還是好好來把最後一部分講完吧。」

年輕人：「Yes sir！」

（劉會調整了一下坐姿，從原本斜倚在沙發座的姿勢，調整到俯身向前、雙手撐在桌面上，直視著年輕人，彷彿即將要宣達某個重大的祕密似的）

劉　會：「你知道資本市場中有一種公司，雖然財報虧損連連、研發費用居高不下，甚至可能還沒有營收，但由於創業題材新穎、擁有市場上獨一無二的技術或專利，所以公司『市值』遠遠高於公司淨值。」

年輕人皺眉問道：「市值不就是淨值嗎？」

劉　會：「不是喔，這是一種誤用。市值指的是在市場上，大家衡量這間公司的價格，這個價格的形成因素，是源自投資人心目中對於公司目前經營表現、未來獲利能力，以及公司成長性……等等綜合形成的。而淨值則是公司帳面上淨資產的價值，也就是財務報表上股東權益的金額，是一個帳面數字，並未隱含這間公司未來可能帶給投資人的報酬與價值。」

年輕人：「這種公司有可能存在嗎？明明不賺錢，投資人
　　　　卻都相信他未來會成長很快，所以讓他現在市值
　　　　遠超淨值？」

劉　會：「當然有，而且很多，我舉個例子你就知道。例
　　　　如許多研發新藥的公司，由於研發新藥通常要經
　　　　過相當漫長的實驗、研究，還有檢驗，因此在公
　　　　司發展初期，研發費用會非常高，卻沒有營收來
　　　　支撐。但如果研發新藥的團隊技術很強，有相當
　　　　的實驗數據證明新藥開發是很順利的，則投資人
　　　　可能就會認為公司未來很有前景，因為新藥的利
　　　　潤非常高，且有專利的保護，形同製藥公司有獨
　　　　占市場的競爭優勢。此時，就會出現製藥公司的
　　　　市值超過淨值的情形。」

年輕人：「這樣我懂了。」

劉　會：「那麼回到我一開始提到的，由於市場上存在這
　　　　種需要高度資本的公司，且這種公司因為情形特
　　　　殊，在公司早期研發極需資本的密集投入，得等

到後續開花結果後，才能將成果分享給投資人。通常這類型的投資風險非常高，一般投資人可能難以支持這些公司。所以政府同樣為這些公司另闢蹊徑，讓他們可以僅憑『市值』，而非獲利能力的績效表現，就成為上市公司。」

年輕人：「僅憑市值就可以上市？意思是即使還沒賺錢，甚至還在虧損，只要投資人認為你未來有能力賺錢，就可以上市了？」

劉　會：「大致沒錯，不過當然會有一些條件，我們來看一下（下頁表）。」

年輕人：「哇，雖然只看市值，但要求的門檻也是挺高的。」

劉　會：「對啊！畢竟是直接成為上市公司，估值一定得要有相當規模。除此之外，在設立年限上，要至少屆滿2年；發行的股數也要至少1,000萬股以上才行。」

年輕人：「目前有多少符合這個標準，已經成為創新板的公司了呢？」

市值及財務標準	申請上市時應符合下列標準之一
第一類	**市值**：不低於新臺幣10億元 **營業收入**：最近四季合計不低於1億元 **營運資金**：足夠掛牌後十二個月之營運
第二類 （限生技醫療事業）	**市值**：不低於新臺幣20億元 **營運資金**：有不低於足供掛牌後十二個月營運資金之125% **其他條件**：新藥公司核心產品通過第一階段臨床試驗
第三類	**市值**：不低於新臺幣40億元 **營運資金**：有不低於足供掛牌後十二個月營運資金之125%

表格資料整理來源：臺灣創新板官網

https：//www.twse.com.tw/TIB/zh/index.html

劉　會：「以上次證交所的聲明稿（2023.8.22）來看，直至年底有15家可望登上創新板，目前這個板還處在發展階段，許多有潛力有條件的企業，未來也可能會陸續上板吧。」

年輕人：「那麼這些上創新板的企業，是否有像創櫃板一

樣，在募資時受到限制呢？畢竟您剛剛也說過，投資這些市值遠超淨值的公司，可是風險很高的。」

劉　會：「的確有喔，真是會舉一反三！目前能夠投資創新板企業的投資人，只有符合下圖條件之一者才可以投資：會有這種限制，就是因為政府想要保護一般散戶投資人，不要在沒有風險承受能力的情形之下，遭受投資損失。」

年輕人：「但相對的，我想在創新板的企業，就會因此少了很多能提供資金的潛在投資人吧？」

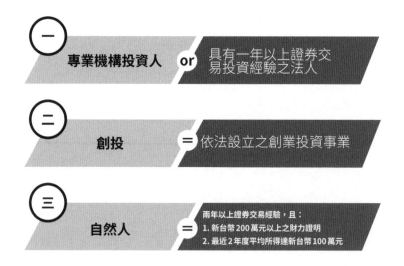

新創公司IPO的100件大小事

劉　　會：「你說的沒錯，制度總是有利有弊。不過創新板
　　　　　也為了解決股票交易流動性不足的問題，而引入
　　　　　了『造市者制度』。」

年輕人：「造市者制度？」

劉　　會：「造市制度簡單說就是，為了讓優質但流動性較
　　　　　低的股票能夠提高在證券市場交易的數量及頻
　　　　　率，因此證交所提供一些制度誘因，例如獎勵措
　　　　　施或是減少經手費的方式，鼓勵證券商提供買賣
　　　　　報價，讓更多的投資人願意加入創新板的市場進
　　　　　行交易，讓股市活絡。」

年輕人：「等於增加買賣數量，讓創新板越來越受到市場
　　　　　注意就對了。」

劉　　會：「沒錯，熱絡的投資市場，才能真正達到資本的
　　　　　流通與配置。」

年輕人：「資本市場真的是博大精深啊！」

劉　會：「不過很有趣吧？根據不同條件的企業，竟然可以設計出這麼多板塊讓投資人和企業在平台上交換資源，能做到這些可是非常不容易。」

年輕人：「是啊！我也會回去好好思考自己的企業到底需要什麼，又具備什麼條件？知道這些，才能決定是否要加入資本市場。得先回去好好做功課才行。」

（劉會鼓勵著點了點頭）

年輕人：「今天又叨擾劉會了，謝謝您的寶貴時間。下次見！」

劉　會：「加油囉！年輕人。」

（相互道別之後，劉會離開咖啡廳，走入夜色中。年輕人目送著劉會離去，而後從公事包中取出筆記型電腦，開始了夜晚的工作）

第 4 章

如何完善公司內部管理制度？

Initial Public Offerings

自上次長談後，年輕人回去仔細地盤點了公司的整體經營狀況。從財務報表，公司內部的管理報表和銷售數據，包括近年咖啡、茶點、餐飲的銷售組合及獲利情形，再到目前各分店的人力資源、固定資產、客群分析還有定期往來的供應商進貨狀況……等等，年輕人一一確認公司的各項目，把尚有不足需要改善的地方列出來，統整成一份清單。年輕人明白自己現在離公司上市櫃仍有相當長的距離，但是身為一位富有理想與熱情的創業家，他決心要將公司帶向資本市場，他相信自己過去付出的努力和身邊共患難的創業夥伴，相信這間所有同仁一起努力創建出的企業，絕對值得市場的投資與青睞。

今天，他再度邀請劉會到市中心的咖啡店，希望劉會能為他走向上市櫃的終極目標量身打造一套可行的戰略計畫。

劉　會：「午安，你看起來似乎鬥志滿滿啊！」

年輕人：「劉會午安，我已經下定決心要帶著大家往前進

了。雖然看起來離上市櫃的目標相當遙遠，但我相信總有一天能做得到的。」

劉　會：「嗯，是你的話，一定可以做到的。現在你要做的，就是努力提升企業的各項財務指標和經營績效，慢慢擴大營收和利潤。記得每一步都要踩穩，千萬不要因為求快而忽視內部管理。」

年輕人：「所以今天我來，就是希望劉會告訴我，我應該怎麼開始完善我公司內部的管理制度，盡量符合上市櫃公司的標準。」

劉　會：「好，那今天我們就從上次沒談到的『公司治理』開始說明吧！」

年輕人：「好，來吧！」

資訊不對稱與公司治理

劉　會：「現代股份有限公司的治理方式，事實上是將公司的經營權和所有權分開。股東透過持有公司的股權而擁有公司，並聘請擁有專業的經理人經營企業，然後再定期檢視經理人的經營績效。」

年輕人：「以我的公司而言，主要股東是我，負責公司經營的人也是我，這樣哪裡有經營權和所有權分離？」

劉　會：「在新創或是中小企業的階段，確實公司的經營權和所有權可能會高度集中，但是隨著公司規模的成長，越來越多外部投資人加入後，慢慢的會產生所有權和經營權分離的現象。我們先前也提到過，上市櫃公司的形式條件之一就是股權需足

夠分散，這也表示所有權和經營權是不可能像新創或中小企業那樣高度集中了。」

年輕人：「嗯……好像是這樣，但所有權和經營權分離又怎麼了嗎？」

劉　會：「問題是出在經營者和所有權人的利益不一致。對於經營者而言，他的利益是從股東手上得到報酬，而報酬通常跟經理人短期的績效緊密連結。舉例來說，每季的財報淨利是否亮眼、銷售額是否超越前年，還有各項財務指標是否達到市場預期……。這些指標越好看，經理人通常就能得到更高的報酬，所以經理人會更重視企業的短期績效。」

劉會停下來喝了口拿鐵，接著說：「然而，當企業僅重視短期績效而忽略長期的投資，反而會限制企業的成長與發展。例如當企業需要添購新的機器設備協助未來營運時，重視短期績效的經理人，很可

能不希望在他的任期內投入這筆資金，因為資本支出與折舊，可能會讓財務報表的淨利下降，影響到經理人的績效，導致他的報酬變少。」

年輕人：「您說的問題我很認同，雖然沒有從經營權和所有權分離的角度去想過這件事，但是我從很早以前就體認到，老闆和員工的立場是天差地別的。老闆要承擔經營的風險，要思考企業經營的方方面面，而員工只要思考個人的利益就可以了。」

劉　會：「所以，『公司治理』的概念正是在這樣的背景下被提出。公司治理主要的功用，是希望保障股東的權益，提升資訊的透明度。如此才能監督經營者不會因為過度追求個人利益而犧牲股東的權益。」

年輕人：「資訊的透明度？」

劉　會：「你想想，對於公司的營運資訊，是管理階層比較清楚，還是股東比較清楚？」

年輕人：「一定是管理階層比較清楚。」

劉　　會：「既然管理階層比較清楚營運資訊，也掌握公司各種管理權限，如果管理階層有心隱藏績效表現或與股東權益攸關的重要資訊，股東怎麼能知道管理階層經營的績效好壞？股東又怎麼知道，管理階層是否利用個人職權在追求自己的私益，而忽視股東的權益呢？」

（年輕人沉默了，他從沒想過股東可能對於企業的經營資訊一無所知，因為過去他總是站在經營者的角度思考，認為只要自己心中無愧於股東，股東也不必過問這些，反正大家都可以享受到經營的成果。然而未來，當公司規模逐漸擴大，或許過去僅僅基於信賴行事，不受拘束和限制的做法，確實需要慢慢改變）

年輕人：「確實股東不會知道這些，如果管理階層沒有主動告訴大家的話。」

（劉會點點頭，他知道年輕人已經掌握問題的核心了）

劉　會：「這就是公司治理希望解決的核心問題：『資訊不對稱』，讓股東和管理階層之間的資訊透明化，從而保障股東權益。」

內部機制：董事會成員
與獨立董事

　　年輕人仔細地思索著剛才討論的內容，原來公司治理的意義在於解決經營權（管理階層）與所有權（股東）之間的資訊不對稱，這是他過去沒有接觸過的全新想法。另一方面，他也認為這樣的想法非常正確，本來公司公開發行後，就需要接受更嚴格的管理與審視，問題是，他的公司到底應該怎麼做？

年輕人：「我理解您的說明了，但是公司應該怎麼做，才能符合公司治理應有的標準？」

劉　會：「事實上，公司治理這套概念底下有相當多的治理機制，還可以區分成外部與內部機制，我畫個

簡單的架構給你看你就明白了。」

年輕人：「這張圖的意思是說，上面這些角色，都各自有
　　　　影響公司治理的作用嗎？」

劉　會：「是的，藉由不同監督機制發揮作用，就可以使
　　　　公司得到良好的治理。」

（年輕人又請服務生為兩人新添了續杯咖啡，劉會
喝了一口，因為覺得很好喝而心滿意足地微笑）

劉　會：「內部機制，就是指在公司內部為了公司治理而

設置的內部措施。包括董事會職能的設計、建立良好的內部控制與財務報告制度、經理人職權及責任的劃分，還有內部稽核——負責檢查公司內部運作是否按照規定的監督角色，以上這些，就構成了公司治理的內部機制。」

年輕人：「就好像公司內部自己訂好做事情的規則，讓大家不要違反對嗎？」

劉　會：「沒錯，大原則是這樣。接下來，讓我為你講解一下這些公司治理措施是怎麼發揮作用的。首先，我們從董事會成員中的『獨立董事』開始吧！」

年輕人：「獨立……董事？我們公司自己也會定期召開董事會討論重要的經營決策，但董事會內每位成員都是董事，而我是董事長，沒聽過什麼獨立董事。」

劉　會：「的確，當公司還在發展階段時，確實不需要聘請獨立董事，因為此時股權結構基本都集中在創業者和核心成員手上。然而隨著公司走向公開發

行，當公司的股權開始分散給社會大眾後，就需
要在董事會中有人扮演捍衛股東權益、監督董事
行使職權的角色，而這就是獨立董事的功能。」

年輕人：「為什麼獨立董事能監督董事會呢？況且不是已
經有監察人在監督公司的業務及財務狀況了嗎？」

劉　會：「問得好。首先我們先解釋一下到底何謂『獨立
董事』。關於獨立董事的定義，我們可以參考證
交法第14-2條第二項的說明：

 證券交易法第14-2條第二項

1. 已依本法發行股票之公司，得依章程規定設置
獨立董事。但主管機關應視公司規模、股東結
構、業務性質及其他必要情況，要求其設置獨
立董事，人數不得少於二人，且不得少於董事
席次五分之一。

2. 獨立董事應具備專業知識，其持股及兼職應
   予限制，且於執行業務範圍內應保持獨立性，
   不得與公司有直接或間接之利害關係。獨立董
   事之專業資格、持股與兼職限制、獨立性之認
   定、提名方式及其他應遵行事項之辦法，由主
   管機關定之。

(年輕人看著法條的定義，卻還是一頭霧水)

劉　　會：「你看，獨立董事的特別之處在於兩點。第一，
　　　　　他需要具備足夠的專業知識，才可以監督董事會
　　　　　的業務及財務運作，保證股東權益不受侵害；第
　　　　　二，獨立董事強調與公司之間應保持適當的獨立
　　　　　性，確保監督時的立場是客觀公正的。」

年輕人：「怎麼樣才算既有專業知識又獨立呢？例如以我
　　　　　所在的咖啡產業來說，找業界資深的咖啡職人，

算嗎？而且跟我們不太熟不常聯絡，這樣有獨立嗎？」

（劉會大笑）

劉　會：「獨立性不是這樣認定的，事實上可能影響獨立性的因素很多，例如擔任獨立董事的人於選任前二年及任職時是否有受公司委任、聘僱，或持股達一定比例……等等，這部分，你可以參考《公開發行公司獨立董事設置及應遵循事項辦法》第3條的規定。」

劉　會：「至於具備專業知識的資格，同樣在《公開發行公司獨立董事設置及應遵循事項辦法》有強調，獨立董事應具備的專業能力，除了與公司業務相關的專業技術外，最好是有法律或是財務、會計……等領域的專業知識，才足以擔任獨立董事。」

年輕人：「所以以我的公司來說，找咖啡職人應該符合公

司業務所需的專業吧？」

劉　會：「當然可以，不過我還是建議你也要找具備會計
　　　　和法律領域專業知識的獨立董事，在公司治理的
　　　　要求下，對股東有較大的說服作用。」

年輕人：「好，獨立董事的功能我大概搞懂了，但是，剛
　　　　剛第二個問題還是沒解決，我們現在公司已經有
　　　　監察人在監督董事會了，為何還需要獨立董事，
　　　　只是因為法規要求嗎？」

劉　會：「讓我們用下面的圖示說明一下董事會、監察
　　　　人，以及獨立董事之間的關係。」

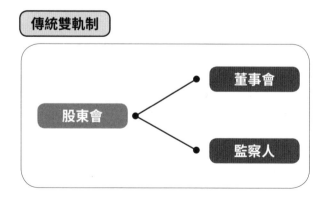

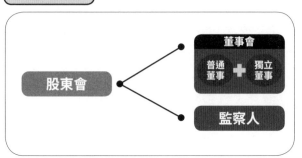

新型雙軌制

股東會

董事會
普通董事 ＋ 獨立董事

監察人

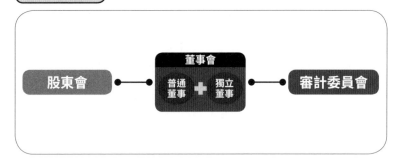

單軌制

股東會

董事會
普通董事 ＋ 獨立董事

審計委員會

劉　會：「你剛剛所提的監察人監督董事會，就是我國公
　　　　司法目前運行的『傳統雙軌制』，董事會負責擬
　　　　定、執行決策；監察人則協助股東監督公司的業
　　　　務及財務。然而，這樣的運行模式，卻在實務界

面臨諸多批評，認為監察人的監督效能不彰，無法有效防治舞弊。也因此，我國的證券交易法學習美國的單軌制度，將獨立董事納入我國的監督機制之中，因此又催生出下列兩種治理模式：新型雙軌制以及單軌制。」

年輕人仔細地比較三張圖後說道：「新型雙軌制看起來跟傳統制蠻像的，還有保留監察人，只是董事會裡增加了獨立董事。但單軌制就沒有監察人了，還有什麼是審計委員會？」

劉　　會：「你抓到重點了，新型雙軌制還是保留董事會與監察人的兩軌制度，功能上也都與傳統雙軌制一樣，董事會負責擬定與執行策略，監察人負責監督。但不同的是，董事會為了加強公司治理，特意新增了獨立董事的席次，讓董事會在運作時受到監督。」

年輕人：「就是說在董事會中安排一個捍衛股東權利的

人，讓董事會不要制訂損害股東權益的政策？」

劉　　會：「沒錯！而單軌制，就是更進一步使監察人的職
　　　　　權完全被審計委員會取代。審計委員會是由所有
　　　　　獨立董事組成的監察機關，可以審議公司的許多
　　　　　議題，例如：內部控制制度之訂定與修正、財務
　　　　　報告之通過、重大資金貸與或背書、簽證會計師
　　　　　之委任……等等，這些與公司財務業務攸關的重
　　　　　要議題，都會先經過審計委員會的審核，才會再
　　　　　轉給董事會進行表決。」

年輕人：「喔……所以審計委員會全是由獨立董事組成
　　　　　的，並且董事會在審議某些議案前，須先經過審
　　　　　計委員會的同意。聽起來好像議案守門員的感
　　　　　覺。」

劉　　會：「要注意的是，組成審計委員會的獨立董事人數
　　　　　至少要三人以上，且其中至少一人一定要有財務
　　　　　或會計的專業才行。因此不能只找咖啡專家，也

要找財會專家才行喔！」

年輕人：「哈哈，還好我認識您這位專家，有您擔任我的
　　　　獨立董事，投資人一定都會很放心我們的公司治
　　　　理。」

劉　會：「我審閱財報可是很嚴格的喔。」

年輕人：「欸……請手下留情。」

劉　會：「另外，我還想補充一下關於審計委員會未來發
　　　　展的新方向。」

年輕人：「新方向？」

劉　會：「目前的公司治理制度仍在不斷的變革，先前政
　　　　府已經為了完善公司治理陸續推動了幾波改革方
　　　　案。」

年輕人：「有哪些內容？」

劉　會：「近期最重要的當然是從2022年開始，上市櫃公

司的監察人已全面由審計委員會取代。目前的公司治理趨勢是希望讓審計委員會能兼具各種功能性委員會，以及監察人的角色，包括前面提到的議題監督、董事薪酬審議，以及財報承認……等種種，都變成審計委員會重要的職能。」

年輕人：「審計委員會越變越重要了，這樣獨立董事不會忙不過來嗎？」

劉　會：「所以獨立董事的人數也有新增規定，要求上市櫃公司不得低於所有董事的1/3喔！這項規定本來只有限制金融保險業的上市公司，但從即日起到2027年之前，所有上市櫃公司都要人數到位才行。」

年輕人：「了解。」

劉　會：「另外為了導正過去性別不平等的困境，董事也強調女性保障名額，金管會要求所有上市櫃公司於2024年之前，應至少委任一名女性董事，而

且女性董事人數若未達全體董事人數的1/3，還須在年報中揭露。」

年輕人：「公司治理的法規真的越來越詳盡，未來要上市櫃的過程中，我可得好好研讀這些法規才行。」

劉　會：「只怕到那個時候，又有更新的法規上路了。」

年輕人：「學不完啊……。」

（兩人說笑了一陣，歡快的氣氛充斥在整間咖啡店中）

內部機制：內部控制與稽核

　　店內的門鈴響起，一對年輕男女走了進來，兩人身上穿著帶有咖啡店 Logo 的 T-shirt，年輕人一看到他們，就揮揮手招呼他們到桌前，向劉會介紹兩人。

年輕人：「劉會，向您介紹一下，這位是阿傑，我們從大學認識以來到現在都是好朋友，也是我現在重要的工作夥伴，現在所有分店的整體規劃，包含原料、食材的進貨和調配，再到店內員工訓練，基本上都是由他負責統籌的。阿傑，來跟劉會打聲招呼。」

阿　傑：「劉會您好！常聽老闆提到您，也謝謝您在草創

時期的寶貴建議，讓我們可以一路順利成長到現今的規模，往後還請您多費心了！」

（劉會收下阿傑遞來的名片，簡單和阿傑握手）

年輕人：「另外這位是小綠，目前擔任我個人的特助，同時公司的會計帳務和現金流也都是由她負責。另外，她也負責菜單和茶飲的規劃，以及行銷和品牌設計。」

小　　綠：「您好，我是小綠，大學因為讀企管系也修過一些會計的課程，不過還是比不上劉會您的專業，要跟您多請教。」

（劉會也和小綠打了招呼，同時仔細端詳了兩人，雖然看起來年紀都並不大，但阿傑和小綠顯然已有相當的歷練和豐富的管理經驗，與人對談時誠懇又穩重，絲毫沒有職場新鮮人的羞赧與怕生，反而散發出一種隱隱然的自信）

劉　會：「年輕人，你的團隊看來都是精兵強將，難怪能短短時間就發展得這麼快。」

年輕人：「不，我們該學的還有很多。既然從現在開始我們要將公司的管理制度逐漸打造成符合公開發行的形式，我希望阿傑和小綠身為公司的重要幹部，也應該了解相關的知識，協助一起制定管理方針和策略，朝著公開發行的目標前進。」

小　綠：「劉會，在來之前我和阿傑已經惡補了先前您和老闆討論的內容，您可以接著講下去，我們ok的。」

劉　會：「好呀！那麼接下來，就讓我們談談內部控制和稽核吧。」

小　綠：「劉會，這部分我有做功課，讓我講講看，您再補充好嗎？」

（劉會微笑著擺了個「請說」的手勢）

小　　綠：「內部控制，就好像是公司內部的法規，或是做事情的標準作業程序（SOP），讓同仁們在處理事情時有所依據，也可以減少公司的錯誤或是舞弊。而稽核呢，就好像是公司裡的糾察隊一樣，定期確認同仁們是否遵守內部控制的規則，若沒有的話，就要改進，同時也可以監督大家做事的績效，讓組織的效能維持和優化。」

阿　　傑：「妳說內部控制是公司內部的法規，那是要針對什麼問題制定法規呢？」

小　　綠：「例如說採購，像你每次跟咖啡豆廠商買豆子，怎麼下單、怎麼付款，還有驗收，這些都需要訂好規則，不然每次處理方式都不一樣，會搞不清楚進貨數量和庫存。」

阿　　傑：「對，採購沒有訂好規則，大家都亂進貨亂驗收，上次有些豆子根本有問題，卻也沒有好好確認就入庫了，還差點讓客人喝到。」

（年輕人眉頭微皺，心中默默又在公司待改善清單多記上一筆）

劉　會：「看來你們都已經對內部控制有很好的認識了。那讓我來為大家統整一下，從理論上跟你們分享內部控制主要的目的和重要內容。」

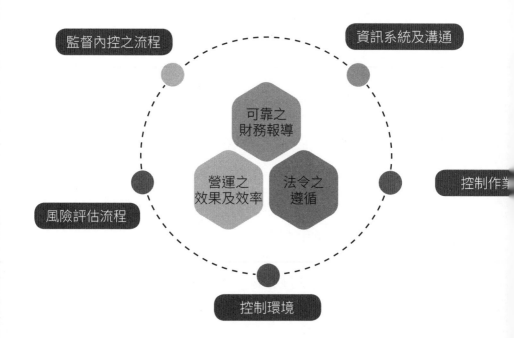

新創公司IPO的100件大小事

劉　會：「小綠剛剛的解釋沒有錯，內部控制事實上就是公司的一套政策和程序，並且要求內部同仁遵守，才能達到企業的三個控制目標：可靠的財務報導、有效率及有效果的營運，以及確保遵守相關法令。」

年輕人輕聲地複述了一遍：「財報，營運和法遵？」

劉　會：「不錯，大致上企業在設計各項內部規則時，都不會脫離這三個核心目標。」

阿　傑：「嗯，以剛剛採購的例子來說，如果有適當的採購規則，就可以在進貨和驗收的流程上更有效率，減少出錯的機會。」

小　綠：「而且庫存也會影響帳務，進貨入帳金額不對的話，報表根本不可能對。還有，驗收如果能確實發現問題，就還有機會要求折讓跟退款。」

劉　會：「跟聰明的學生討論就是開心，馬上就可以舉一

反三。我進一步再介紹內部控制的五大組成要素。要達成剛剛提到的三大目標，就需要在公司內推行內部控制，而內部控制要能成功推行，就要有好的控制環境、風險評估流程、監督內控流程、資訊系統及溝通，以及控制作業才行。」

阿　　傑：「好像開始有點抽象了……。」

劉　　會：「哈哈，沒有你想的這麼困難，我試著用淺顯的方式說明給你們聽。在五大組成要素中，最重要的是控制環境。前面小綠將內部控制比喻成公司內部自己制定的法律。那你們想，法律在什麼狀況下才能發揮最大的效果，是在社會風氣良善、人民法治觀念強的地區，還是貪贓枉法、犯罪遍行的地區？」

年輕人：「我想是在人民都有法治觀念的地區，法律才能比較容易被遵守。」

劉　　會：「所以同樣的道理，要希望能在公司推行有效的

內部控制，就需要先打造一個誠信、良善，願意遵守規矩的組織文化，而控制環境就是塑造組織文化的重要組成要素。」

阿　傑：「這樣說我就懂了。」

劉　會：「再來，風險評估和監督內控流程就比較好解釋了。我們一樣回到採購的例子，剛剛小綠提到，如果沒有制定一致的採購規則，顯然會導致企業發生許多管理上的錯誤，甚至可能連採購人員私下收取廠商回扣的舞弊都有可能發生。所以，在制定內控制度時，就需要先透過風險評估的方式，了解企業在執行日常營運的過程中，可能存在哪些風險，以及辨認出風險後決定是否要制定流程進一步管理。」

年輕人：「而制定好內控政策，管理風險後，還需要有監督內控流程的定期檢查，才能確認內控是有效的，對嗎？」

（劉會看著眼前三個聰明又積極的學生，實在打從心底開心能和他們分享這些財會知識，他希望將自己所學都一股腦地傳授給他們）

劉　會：「是的。至於資訊系統及溝通、控制作業兩個要素，也是對於內控制度有重要影響的環節。前者是強調在資訊科技時代下，公司普遍引入資訊管理工具，例如在財務報告的編製上，可能會用會計帳務軟體，或是進貨時有管銷系統控制食材、咖啡豆的數量及成本。所以內部控制會需要與這些科技工具整合協作，才能辨認及確保公司內部的營運順暢。控制作業則是強調執行內部控制的具體措施，例如公司做交易前要先經過授權或核准，對於重要的財務要有實體控制與保全措施，例如設置保險箱存放現金或設定公司電腦的檔案存取權限之類的。」

年輕人：「所以比方說，公司的管理階層為防止員工盜用公款，禁止管錢的人記帳，這也是內控制度的一

種嗎？像在點餐的時候使用POS機，紀錄每筆交易，並在結束營業時點鈔，就可以防止收銀員偷錢。」

（劉會微微點頭表示贊同）

劉　會：「總之，公司一定要建立好內控制度。當公司規模小，可能還不太需要在意內控，因為老闆可以自己管好公司大小事，但隨著規模變大，不可能什麼事都自己來管、自己來做。而請別人幫忙管，就可能會出問題，有些公司不能公開發行就是因為內控有漏洞，或執行不確實，導致無法達到法規要求的內控標準。」

阿　傑：「我們一定會注意！」

劉　會：「下午我們就先討論到這邊，大家可以整理一下前面提到的內容，若整理後發現什麼問題，或是針對你們公司要如何推行內部控制的細節，我們晚上可以再繼續討論。現在，先容我失陪去另一

場會議。」

年輕人：「好的，謝謝您的時間。晚上我們再繼續過來請
　　　　教，劉會再見！」

劉　會：「晚上見。」

（年輕人偕同阿傑和小綠送劉會搭上店外等候的
Uber，而後再回到咖啡廳，開始討論起公司應如
何制定內部控制的政策，不知不覺，時間就這樣
在熱烈的討論中悄悄過去，窗外明朗的藍天，又
逐漸染上了火燒般的橘色晚霞）

第 **5** 章

如何從公司外部
借力使力？

Initial Public Offerings

在熱烈討論後，時間已過晚上七點，咖啡廳店員如同往常加班工作到深夜時一樣，為大家送來了工作晚餐。咖啡廳的食物是大家平常都吃慣了的，但卻沒有人因此覺得煩膩，反而總是在吃完後有種家常般的滿足感，能夠掃除飢餓和疲累。

幾人喝著餐後咖啡，等待劉會會議結束後重新回到咖啡廳加入他們。

小　　綠：「吃得好飽，我設計的菜單真的好讚。」

阿　　傑：「對呀，看你的肚子就知道，試菜時吃了不少吼。」

小　　綠：「這是每天加班留下來吃咖啡店速食的職災啦！」

年輕人：「自己愛亂吃還牽扯公司，這筆帳我可不認。」

阿　　傑：「對呀！再吃下去，小心連妳男友都認不出妳這隻豬了啦！」

小　　綠：「什麼，你才是隻……。」

年輕人：「好啦，別吵了，你們倆都不是豬，豬比你們可
　　　　　愛多了。」

小綠＆阿傑：「老闆！」

　　　　　（年輕人擺擺手表示要他們別吵，又叫來服務生
　　　　　把用完餐後杯盤狼藉的桌面收拾乾淨）

年輕人：「在劉會還沒來之前，我想跟你們討論一下。我
　　　　　預計要委任劉會擔任我們公司的長期輔導顧問，
　　　　　輔導內容不僅僅是會計和帳務方面，還有關於申
　　　　　請公開發行過程中的各種制度建置、公司治理，
　　　　　以及人員內訓。我想劉會的功力大家都有目共
　　　　　睹，大家要好好跟劉會學習，若配合上有什麼問
　　　　　題，可以現在提出來。」

小　　綠：「我舉雙手贊成，劉會把整個IPO的流程講解得
　　　　　很清楚，執行細節上也給了我很多啟發和幫助，

我想在他的整體規劃下，成為公發公司一定會很順利的。」

（此時一旁的阿傑顯得欲言又止，年輕人和小綠注意到，兩人交換了一個眼神）

年輕人：「怎麼啦？阿傑想說什麼就說呀！」

阿　傑：「嗯……我是在想，先說我不是不信任劉會而不想找他當顧問，只是，我不知道會計師到底具體能幫我們什麼……。現在的帳務不是已經有小綠在處理了？公司的行銷、產品銷售組合、內部市場分析……，這些我們也都有自己長期累積下來的做法，到底會計師在公司公開發行的過程中，會扮演什麼角色呢？」

劉　會：「關於這個問題，讓我直接來回答你吧。」

（眾人回頭看向聲音的來源，咖啡店的大門不知為何敞開著，劉會信步走進店內，雖然看起來有

些疲憊，但臉上仍掛著殷切的笑容，彷彿是講台上的老師說「很高興有人問了」時，那種欣慰又迫不及待要分享的表情）

阿　傑：「劉會……。」

劉會捏了捏阿傑的肩膀，說道：「別緊張，我明白你的意思。你並不是質疑我的專業，只是不知道該怎麼與我合作，對嗎？」

年輕人：「劉會實在抱歉，我們資質駑鈍，不太了解會計師在上市櫃過程中能夠怎麼幫助我們，能請您為我們說明一下嗎？」

劉　會：「剛好下午我們已談完公司治理的內部機制，現在我們可以將目光轉向公司治理的外部機制上。當公司成為公開發行公司後，就可以透過發行有價證券的方式對市場上的不特定投資人募集資金，但相對的，為了保護投資人不受到資訊不對稱的影響，我們要透過各種監督措施，來確保投

資人能在資訊充足的情形下做出適當的決策，這也就是公司治理的概念。」

（年輕人、阿傑、小綠三人一齊點頭）

劉　會：「在企業經營的過程中，除了內部機制能確保公司治理被落實之外，事實上在企業外部，也有許多監管的措施，讓企業有壓力必須維持經營資訊的透明，否則不能公開發行，更遑論成為上市櫃公司。而會計師，正是外部機制中具有相當重要性的角色之一。」

外部機制：會計師與獨立審計

年輕人：「會計師也是公司治理監督的一方嗎？」

劉　會：「小綠，你說你大學時修過會計，那妳聽過審計學嗎？」

小　綠：「我連會計都快忘記了……哪還知道什麼審計學，劉會您就別為難我了。」

劉　會：「哈哈，我再考考妳，以我們公司現在的規模，我想應該有請會計師事務所進行財務報表的簽證，對嗎？」

小　綠：「這個有，因為先前事務所說我們的資本額已經超過3000萬，法律規定要請會計師財務簽證，

那時候我還在想會計師這個職業真好賺，只要簽個名就可以賺錢。」

年輕人搖頭嘆道：「哪有這麼簡單，人家會計師簽名是要背負責任的，才不像妳講得這麼容易。」

劉　會：「這個行業確實沒有大家想得容易，讓我來為你們科普一下。企業在一整個會計期間結束後（通常是一年），會透過會計程序將平常的商業行為轉變成四張財務報表：資產負債表、綜合損益表、權益變動表，以及現金流量表，這部分先前我已和年輕人討論過了，我想大家也都有基礎的概念。」

阿　傑：「我們都有聽老闆講過。」

小　綠：「有，目前我們公司的報表都是我做的，所以我很清楚。」

劉　會：「很好，那我繼續。企業四張財務報表的編製，

是依照我國的一般公認會計原則處理的。所以說，小綠妳如果有印象的話，在大學上會計學時，其實妳是在學如何將各種不同的商業活動，用符合會計原則的方式編入報表。而審計，則是反過來，由會計師獨立對企業編製出來的財務報表進行驗證，確認報表是否有依據一般公認會計原則編製，並根據結論提供財報使用者『確信』。」

小　綠：「意思是會計學是記帳，而審計學就是查帳嗎？可以抓到公司有沒有掏空或是作假帳？」

劉　會：「這裡要重點說明一下。審計在查的，是公司有沒有依據一般公認會計原則作帳，這與能不能夠查出公司作假帳或是舞弊是兩回事，因為會計師畢竟與檢察官不同，沒有足夠的權力去調查公司的內部資訊，很多時候是仰賴公司提供資訊以供查核。另外，會計師也有時間和成本的壓力，尤其是上市櫃公司，什麼時候要出季度財務報表或

是年度報表，都是有法規規定的時間點，必須在時間點之前交出簽證報告。所以我們才會說會計師的簽證是對公司編製的財務報表提供『合理確信』，而不是絕對保證。」

阿　傑：「所以意思是說，會計師能夠查帳，然後對公司編製的報表是否符合會計原則給合理的保證？但這樣的保證，有什麼目的呢？」

劉　會：「阿傑平常會看小綠編好的財報嗎？」

阿　傑：「會簡單看一下毛利率、營業利益率之類的指標。這樣才能知道公司經營狀況的好壞。不過因為我會計學得不多，分析得出的結論很少。」

劉　會：「那你怎麼知道小綠編的數字是對的呢？你確定小綠在過程中都完全沒有錯誤嗎？又或是會計有時候需要專業判斷，例如一筆支出的性質是屬於成本還是費用，對於報表都會有影響，你怎麼確定小綠的判斷都是合理的呢？」

小綠心虛地吐了吐舌頭說：「我自己也不敢保證都是對的……。」

劉　會：「所以，如果這時能夠有一位專業、又有公信力、懂會計的人替大家先看過報表，確認資訊都沒有問題或疏漏，不就能確保財報資訊的品質不受影響，決策也可以在正確的基礎上制定了嗎？」

阿　傑：「原來如此，明白了。」

年輕人：「但我有個疑惑，會計師事實上是公司請的吧？我記得我們查核的簽證費是由我支付給事務所，如果是這樣，會計師還可以客觀地查帳嗎？只要結果不符合企業主所要的結論，會計師不就有可能被換掉嗎？」

劉　會：「這就要談到『獨立性』的問題了。會計師非常強調執行審計工作時的獨立，因為我們最後產出的財務報表是否有允當表達的『意見』，財報資訊的使用者，例如投資人、銀行及債權人，要能

夠信賴會計師給出的意見，就需要我們在工作的過程中保持跟公司一定的距離。例如不能有直接或重大間接的財務利益關係，或是不能受到公司的脅迫而出具意見⋯⋯等等。總之，為了維持公信力，會計師們也是很努力在想辦法的。」

年輕人：「實在是不容易的工作啊！」

（劉會調皮地眨了眨眼睛）

STEP 02 外部機制：證券交易法 與財務資訊揭露規定

小　綠：「劉會歹勢，我還有問題想問。」

劉　會：「請說。」

小　綠：「我聽說公開發行之後，會需要定期提供很多資訊給投資人，您剛剛說明會計師簽證的過程中也提到，公發公司好像有很大的時間壓力，要定期提供季度財務報表，還有年底可能也要出年報，這部分可以再說明一下嗎？」

劉　會：「沒問題。這部分確實需要注意，前面提到公開發行的好處是可以把公司的資訊直接公布在證券交易市場，讓潛在投資人注意到公司，以利在市

場上籌得資金。但同樣地，有所求就得有所付出，公司也必須即時地將財務資訊揭露在市場上給投資人瀏覽與分析，否則就有可能損害投資人的權益。因此，我國證交法和主管機關特別制定『公開發行公司資訊揭露原則』，強制要求公發公司要履行揭露義務。」

證券交易法第36條第一項：

已依本法發行有價證券之公司，除情形特殊，經主管機關另予規定者外，應依下列規定公告並向主管機關申報：

1. 於每會計年度終了後三個月內，公告並申報由董事長、經理人及會計主管簽名或蓋章，並經會計師查核簽證、董事會通過及監察人承認之年度財務報告。

2. 於每會計年度第一季、第二季及第三季終了後四十五日內，公告並申報由董事長、經理人及會計主管簽名或蓋章，並經會計師核閱及提報董事會之財務報告。

3. 於每月十日以前，公告並申報上月份營運情形。

年輕人：「難怪大家都說公開發行後帳務成本會變高，因為不只是年度終了要出年度財務報表，還要每季的季報。」

小　綠：「還有每月10日前都要公告上月營運情形，天啊！會計部得要多增人手了。」

劉　會：「你們說的只是編製而已，法規要求的可是還要經過會計師檢驗後簽證或核閱的報告，還有委任會計師事務所的查核成本也要考慮進去。」

阿　傑：「這樣以後光是財務資訊的揭露，就要花上不少心力了。」

劉　會：「不只這些，證交法第36條第四項提到，只要是適用證交法發行有價證券的公司，還必須出具年報，年報中不只是包括年度財務報表，還必須包含董事及監察人資料、薪酬揭露、審計委員會運作情形，以及公司治理施行狀況……等等資訊，也是一個大工程。另外，如果公司有臨時的重大異常變動，也都是需要即時揭露的。」

證券交易法第36條第三項：

第一項之公司有下列情事之一者，應於事實發生之日起二日內公告並向主管機關申報：

1. 股東常會承認之年度財務報告與公告並向主管機關申報之年度財務報告不一致。

2. 發生對股東權益或證券價格有重大影響之事項。

年輕人：「真的感受到公開發行的負擔與責任了，感覺公司為了讓資訊透明公開，需要付出極大的心力。並且得隨時將股東或利害關係人的權益放在心裡才行。」

劉　會：「是呀！公開發行，乃至於上市櫃，從來都不是一件輕易的事。不論你們的規劃或目標如何，我都建議你們不要操之過急，上市櫃是需要時間的，只要條件水到渠成，有一天公司自然就能登上證券交易所了。」

小　綠：「我們會努力的。」

阿　傑：「加油！」

新興議題：ESG與公司治理4.0

劉　會：「公司治理的議題我們已經簡單介紹完了，今天最後，我想再跟大家分享最後一個議題——ESG與公司治理4.0。」

年輕人：「ESG我們也常常聽到，政府現在好像正在積極推廣相關的政策與措施。像從前年底（2022年12月1日）起，台北市的飲料店都不能提供塑膠杯。我們咖啡店也配合政策改變茶飲的容器，禁止提供內用客人塑膠杯。」

阿　傑：「吸管也是，都改成紙吸管了。當初要採購時，我還到處比價跟研究，就為了找好品質的紙吸管呢！」

劉　　會：「大家知道ESG的源起嗎？」

小　　綠：「不就是為了節能減碳嗎？」

劉　　會：「節能減碳只是其中的一環而已。ESG是由聯合
　　　　　國於2006年提出的原則，其主要目的是為了推
　　　　　廣企業的永續發展。ESG事實上是討論三個層
　　　　　面：E（Environmental 環境保護）、S（Social 社
　　　　　會責任），以及G（Governance 公司治理）。企
　　　　　業應該在這三個層面達成特定的標準，才能達到
　　　　　永續經營。」

年輕人：「為什麼現在這麼強調ESG的概念呢？企業又為
　　　　　什麼得在意這些指標？」

劉　　會：「ESG現在演變成全球性的議題，是因為世界各
　　　　　地都在發生許多環境巨變的災害，全球海平面上
　　　　　升的威脅、極端氣候，又或是溫室效應，都會損
　　　　　害人類的居住環境，同時也損害企業的經營環
　　　　　境。另外，在企業的社會責任和公司治理方面，

我們則是可以看到許多人為的弊案或是企業罔顧社會成本而做出的自私決策，例如前陣子席捲台灣的食安問題，以及營建公司的工安事故。這些都在破壞企業的永續經營。」

阿　傑：「那些問題真的都超嚴重的，感覺台灣社會非常看重企業的誠信。我們自己也是做食品的，大家都很小心對待提供給顧客的食物，衛生乾淨是基本，希望大家吃了開心滿意，而不是害大家花錢又傷身。」

劉　會：「這樣的觀念很好，要繼續保持初心。」

年輕人：「那麼劉會，除了保持初心外，在 ESG 的部分我們還有需要進一步做些什麼嗎？」

劉　會：「在 ESG 的發展之下，各國政府都提出了許多的治理方案與政策規劃。目前最迫在眉睫的是全世界 2050 年要達成溫室氣體淨零排放的目標，而我國政府也在 2021 年宣示要跟進。」

小　綠：「2050年？剩下不到30年的時間，真的能做到完全不排放溫室氣體嗎？」

阿　傑：「不可能吧……。」

劉　會：「這真的是相當艱難的任務，對世界上任何一個國家而言都是。據說國際能源總署曾經針對全世界是否能在2050年淨零排放進行調查，結果發現2030年前可以用現有的減碳技術完成階段性目標，但要在2050年把剩下的淨零目標達成，卻只能仰賴新科技來實現，人類必須要在剩下不到30年的時間內開發出嶄新有效的減碳技術，才能使地球的溫度上升限縮在1.5℃內。」

年輕人：「那目前台灣有什麼重要的計畫或政策嗎？」

劉　會：「國發會有提出達成2050年淨零排放的路徑圖，其中包含了四大策略以及二項基礎。這項路徑圖涵蓋了許多方面，而其中與企業經營特別有關的，應該還是聚焦在產業轉型及氣候法制的變革上。」

圖片來源：國發會

小　　綠：「這跟您剛剛提到公司治理4.0有關係嗎？」

劉　　會：「公司治理4.0可以說是在淨零轉型策略下的其
　　　　　中一環。政府的政策方向是這樣的：任何產業要
　　　　　發展都離不開資金，因此若要鼓勵產業朝向永
　　　　　續、淨零排放的方向前進，就先從金融業開始改
　　　　　革。」

年輕人：「我有聽說之前金管會在推動綠色金融，聽說是

透過管控金融業授信、投資標的集中在符合綠色標準的項目上，進而讓企業感受到金融環境的變化，推動產業綠色轉型。」

阿　傑：「就是銀行只會把錢給有在做綠色環保的公司是嗎？」

劉　會：「不只是把錢給綠能業者而已，透過金融業的影響力，綠色金融可以影響實體產業、投資人，甚至是消費者喔！大家會越來越重視綠色議題，淨零排放的目標也會越來越能實現。」

年輕人：「所以我們要努力在日常營運的同時，注意是否符合銀行定義的碳排標準嗎？」

劉　會：「這就要說到公司治理4.0的內容了。在金管會多年的改革下，我國的公司治理已經被逐年強化。我們前面談到的上市櫃公司設置獨立董事、審計委員會……等等制度，都是在公司治理4.0上路前已完成的內容。而現在，公司治理4.0要推行

的是『上市櫃公司永續發展行動方案』。」

小　　綠：「永續發展行動方案？」

阿　　傑：「太複雜了吧？」

上市櫃公司永續發展行動方案與永續報告書

劉　會：「讓我跟你們說明一下。前面我們提到的淨零轉
　　　　型策略，是國家層級的大方向戰略，而上市櫃公
　　　　司永續發展行動方案，則是由金管會推出、針對
　　　　上市櫃公司制定的淨零減碳策略，以及一些強化
　　　　公司治理的措施。」

年輕人：「我聽說是要揭露企業的碳排資訊，但這種事很
　　　　難做到吧？！上市櫃公司大部分都是集團公司，
　　　　不只要搞清楚自己的碳排量，還要考慮到子公司
　　　　或關係企業，這難度超大的耶！」

劉　會：「所以這需要時間。金管會對於永續發展的階段
　　　　性目標有一個清楚的規劃路徑，主要可以分成五

個面向：引領企業淨零、深化企業永續治理文化、精進永續資訊揭露、強化利害關係人溝通，以及推動ESG評鑑及數位化。」

年輕人：「看來上市櫃公司有許多新的挑戰，要達成這五個目標一定不容易。」

劉　會：「是大挑戰沒錯，但金管會的淨零方案也同時指引這些企業改善的方向，並協助企業建置應對未來多變氣候環境的能力。舉例來說，金管會要求上市櫃企業設定減碳目標還有具體的行動計畫，確保在期限前可以降低全國碳排放。又或是金管會正逐漸擴大永續資訊揭露的範圍，要求企業編製永續報告書，讓企業的ESG相關資訊，都可以變成公開資訊供資本市場的利害關係人檢視。總體而言，金管會正透過政策及制度帶給企業轉型壓力，讓企業的發展方向符合我國的永續發展目標。」

年輕人:「而且是不是除了企業內部自發的資訊揭露之外,還會由會計師或是其他獨立的第三方,來驗證企業碳盤查的進度或是永續報告書的內容?」

劉　會:「沒錯!碳盤查的目標時程是這樣:

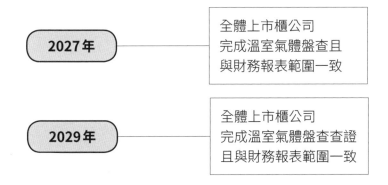

2027年 ── 全體上市櫃公司完成溫室氣體盤查且與財務報表範圍一致

2029年 ── 全體上市櫃公司完成溫室氣體盤查查證且與財務報表範圍一致

在這段期間,金管會依據資本額大小以及特殊產業類別區分成三個組別,這三個組別分別是不同階段金管會推動溫室氣體盤查的目標。上市櫃企業可以針對自己所屬組別,知道階段性任務要在何時完成。另外,除了企業要出具溫室氣體盤查報告書外,未來第三方機構也要針對企業溫室氣

體盤查出具查證報告，金管會也制定了開始查證的時間。」

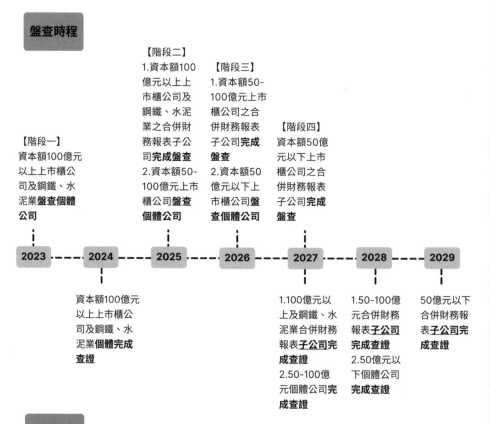

盤查時程

【階段二】
1.資本額100億元以上上市櫃公司及鋼鐵、水泥業之合併財務報表子公司**完成盤查**
2.資本額50-100億元上市櫃公司盤查**個體公司**

【階段三】
1.資本額50-100億元上市櫃公司之合併財務報表子公司**完成盤查**
2.資本額50億元以下上市櫃公司**盤查個體公司**

【階段四】
資本額50億元以下上市櫃公司之合併財務報表子公司**完成盤查**

【階段一】
資本額100億元以上上市櫃公司及鋼鐵、水泥業**盤查個體公司**

2023 --- 2024 --- 2025 --- 2026 --- 2027 --- 2028 --- 2029

資本額100億元以上上市櫃公司及鋼鐵、水泥業**個體完成查證**

1.100億元以上及鋼鐵、水泥業合併財務報表**子公司完成查證**
2.50-100億元個體公司**完成查證**

1.50-100億元合併財務報表**子公司完成查證**
2.50億元以下個體公司**完成查證**

50億元以下合併財務報表**子公司完成查證**

查證時程

小　　綠：「都是先從個體公司開始，再把子公司也盤查進去。」

阿　　傑：「那到底要盤查什麼啊？還有要怎麼寫報告？」

小　　綠：「不就跟你說是盤查溫室氣體了嗎？到底有沒有在聽啊？」

阿　　傑：「就有聽沒有懂咩。」

劉　　會：「阿傑倒是問了一個很關鍵的問題喔！現在金管會所希望推動的溫室氣體盤查報告，希望揭露所謂範疇一及範疇二的資訊。」

小　　綠：「這下連我都聽不懂了……範疇一、範疇二是什麼？」

劉　　會：「範疇一指的是企業生產活動中直接排放的溫室氣體數量。例如企業工廠的煙囪排放、企業自用交通工具的排放……等等。範疇二則是指企業使用外部能源所產生的溫室氣體排放，包括企業用

電、熱力或蒸氣……等等。」

年輕人：「原來是計算這些。」

劉　會：「真正麻煩的是範疇三，非屬企業自有或可控制的排放源產生的排放。簡單講就是企業供應鏈上下游的排放資訊，這非常難計算，認定上也需要一個可靠的標準，不然就會有偏誤。所以目前還沒有將這部分的資訊納入報告內，但未來一定會補上這塊缺失資訊的。」

年輕人：「所以永續報告書，就是把溫室氣體盤查的結果寫成一份報告嗎？」

劉　會：「不僅僅是溫室氣體，ESG 的發展之下，除了環境永續外，還包含社會與治理的面向，需要階段式的揭露給投資人及主管機關。永續會計與企業永續報告書的目的正是為了將相關的資訊清楚揭露，目前主要揭露的準則依據，分別有由永續會計準則委員會（SASB, Sustainability Accounting

Standards Board）提出的SASB準則、全球報
告倡議組織（GRI, Global Reporting Initative）
所提出的GRI準則，以及國際金融穩定委員會
（FSB, Financial Stability Board）提出的TCFD
準則。」

阿　傑：「好混亂……。」

劉　會：「哈哈，這三種準則有些微的不同，GRI準則重
　　　　視的是揭露與利害關係人有關的所有重大議題，
　　　　而SASB準則是注重於財務相關資訊的揭露，有
　　　　具體的量化指標，並且主要是以投資人為溝通對
　　　　象。目前台灣在編製永續報告書時，是兼採這
　　　　兩種準則。而TCFD架構則側重於企業如何因應
　　　　氣候變遷風險，還有氣候變遷對企業造成的影
　　　　響。」

小　綠：「所以劉會，這樣聽下來感覺永續報告書裡要揭
　　　　露的資訊不僅僅是財務方面的影響對嗎？還有溫

室氣體排放量及社會責任的相關指標？」

劉　會：「我們可以參考下列SASB準則所提出的重要性
　　　　地圖（Materiality Map），這份地圖告訴我們永
　　　　續資訊揭露重要的五大面向與26項子議題：

環境	溫室氣體排放 空氣品質 能源管理 水資源和廢水管理 廢棄物和有害物質管理 生態衝擊
社會資源	人權與社區關係 客戶隱私 資訊安全 通路及價格 產品品質及安全性 客戶權益 銷售行為和產品標示
人力資源	勞動法規 職員健康與安全 員工忠誠度、多元性及包容性

商業模式與創新	產品設計與生命週期管理
	商業模式彈性
	供應鏈管理
	原料採購與效能
	氣候變化與實體影響
領導力及治理	商業道德
	競爭行為
	法規遵循
	重大事件風險控管
	系統性風險管理

表格整理來源：SASB 準則

阿　傑：「看起來涵蓋了不少層面，真的要花時間研究了。」

劉　會：「也不用太焦慮，目前政府規定要編製企業永續
　　　　報告書的企業，僅限於上市公司，並且是符合下
　　　　列條件之一者才需要，我們暫且還不用煩惱。但
　　　　這是遲早要面對的重要議題。」

上市公司編製與申報永續報告書作業辦法第二條：

上市公司符合下列情事之一者，應依本作業辦法之規定編製與申報中文版本之永續報告書：

1. 最近一會計年度終了，依據本公司「上市公司產業類別劃分暨調整要點」規定屬食品工業、化學工業及金融保險業者。

2. 依證券交易法第三十六條規定檢送之最近一會計年度財務報告，餐飲收入占其全部營業收入之比率達百分之五十以上者。

3. 依證券交易法第三十六條規定檢送之最近一會計年度財務報告，實收資本額達新台幣二十億元以上者。但未達五十億元者，得自中華民國一百一十二年適用。

年輕人：「我剛Google了一下，2025年實收資本額在20

億以下的上市櫃公司就要編製永續報告書了。而且證交所和櫃檯買賣中心還會審閱上市櫃公司的永續報告書並給予意見，另外還會製作審閱報告公開給社會大眾。」

劉　會：「總是要有人監督，才能讓制度的執行更確實。未來甚至金管會還考慮要強制企業設置永續委員會，專責制定公司永續發展的相關政策或管理方針，以及設置『永續長』這個職位呢！」

年輕人：「挑戰一個接一個來，但我們要做的事情還是只有不斷的充實自己，我對大家有自信，也對自己的品牌和企業有信心！」

小　綠：「沒錯！大家一起加油！」

尾聲

　　時間已經很晚了，年輕人起身站在窗邊朝街上望去，原本車水馬龍的道路，早已落入寂靜。一般人或許都已早早上床睡覺，等著嶄新的一天到來，然而對於創業者而言，過去的一天仍未結束。新的議題、新的困難等待著突破，明天的道路要怎麼走，創業者們要在粗暴的睡意撂倒自己之前，繼續不停地思考試圖找出答案、擬訂計畫。

　　「好在我不是一個人」年輕人心想，就在剛剛，他已成功邀請劉會加入他的團隊，成為公司未來的首席IPO輔導顧問，並且劉會將會繼續作為團隊內所有人的老師，在專業和心靈上帶給大家支持。年輕人突然深感自己是幸運的，能有朋友不計得失、不辭辛勞的與自己共築夢想，這是創業者的福氣，也是創業者的責任。

　　看著在咖啡桌旁熱烈討論的朋友，年輕人的心瞬間就

像有人朝空蕩的杯子注入散發熱氣的咖啡般，重新感受到活力與熱情。夜還長，還有做不完的決策、擬不完的計畫，以及解決不了的難題。

「但沒關係。」年輕人輕聲對自己說，然後走向在咖啡桌旁的朋友們。

「誰要喝咖啡？」年輕人問道

劉會、阿傑、小綠開心地舉起手，店內隨即又瀰漫著美好而香醇的咖啡香氣。

Win 36

新創公司IPO的100件大小事：
一本讀懂公司首次公開發行，走向上市上櫃之路

作　　者—戚務君、劉福運、吳宗翰、莊秉義
主　　編—謝翠鈺
責任編輯—廖宜家
企　　劃—陳玟利
美術編輯—李宜芝
封面設計—兒日設計

董 事 長－趙政岷
出 版 者－時報文化出版企業股份有限公司
　　　　　10819 台北市和平西路三段 240 號 7 樓
　　　　　發行專線— (02)2306-6842
　　　　　讀者服務專線— 0800-231705
　　　　　　　　　　　　 (02)2304-7103
　　　　　讀者服務傳真— (02)2304-6858
　　　　　郵撥— 19344724 時報文化出版公司
　　　　　信箱— 10899　台北華江橋郵局第 99 信箱
時報悅讀網—http://www.readingtimes.com.tw
法律顧問—理律法律事務所　陳長文律師、李念祖律師
印刷—勁達印刷有限公司
初版一刷—2024 年 2 月 23 日
定價—新台幣 380 元
（缺頁或破損的書，請寄回更換）

時報文化出版公司成立於一九七五年，
並於一九九九年股票上櫃公開發行，於二〇〇八年脫離中時集團非屬旺中，
以「尊重智慧與創意的文化事業」為信念。

新創公司 IPO 的 100 件大小事：一本讀懂公司首次公開發
行，走向上市上櫃之路 / 戚務君，劉福運，吳宗翰，莊秉義
著 . -- 初版 . -- 臺北市：時報文化出版企業股份有限公司，
2024.02
　面；　公分 . -- (Win；36)
ISBN 978-626-374-946-7(平裝)

1.CST: 上市公司 2.CST: 上市股票 3.CST: 上櫃股票 4.CST:
股票投資

553.9　　　　　　　　　　　　　　　　113001333

ISBN 978-626-374-946-7
Printed in Taiwan